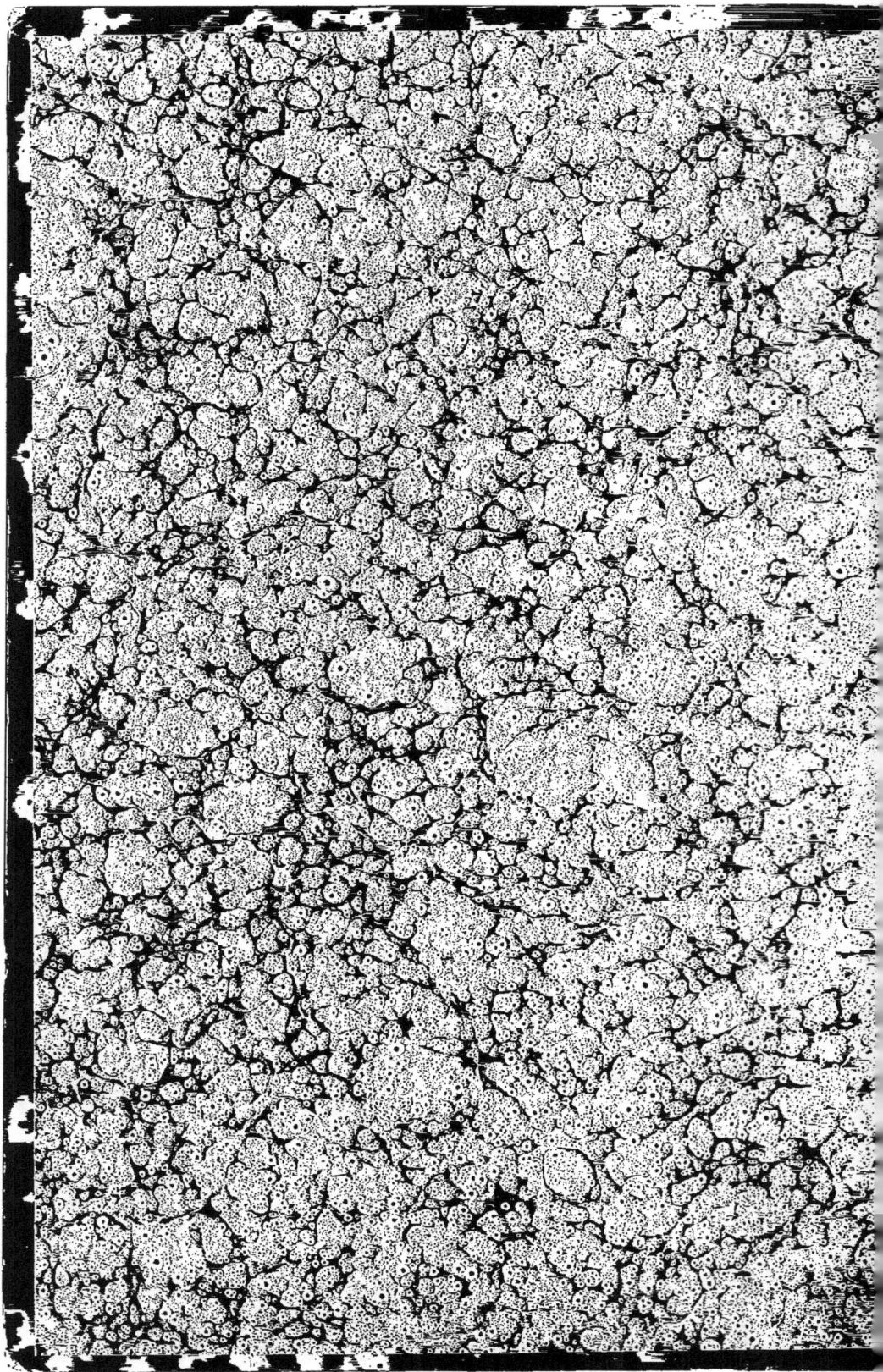

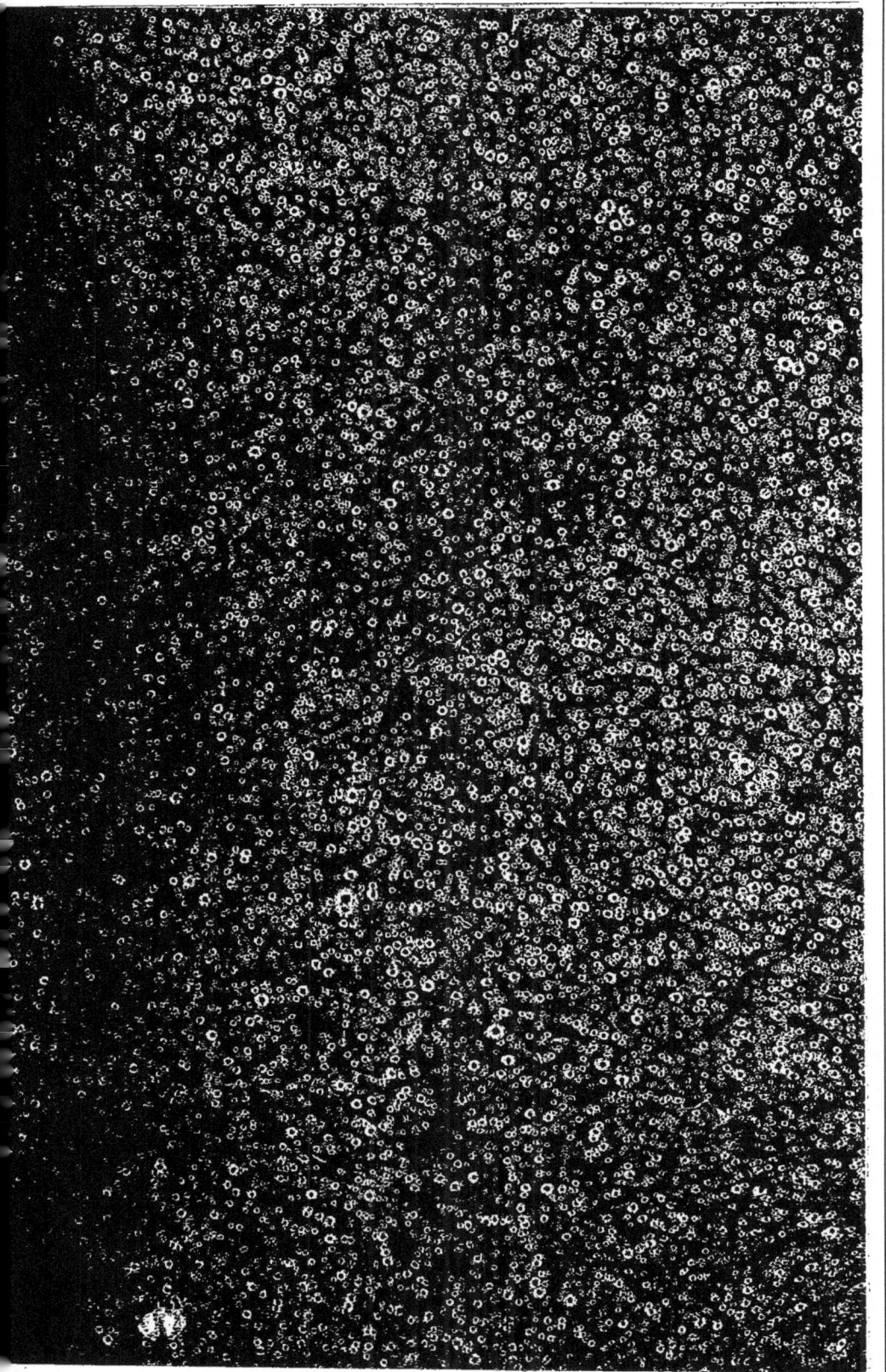

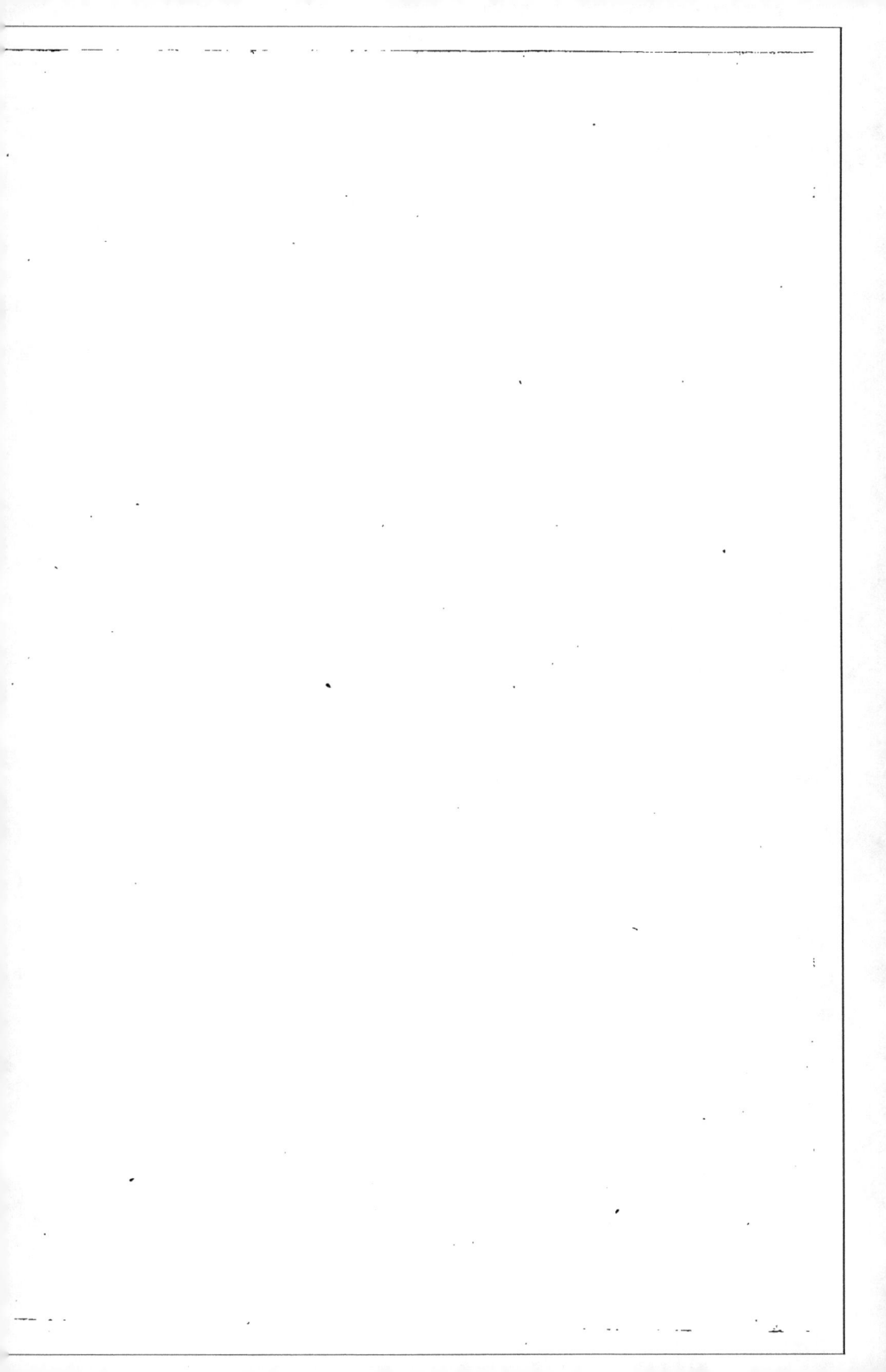

LES

ÉGLISES DE LAON.

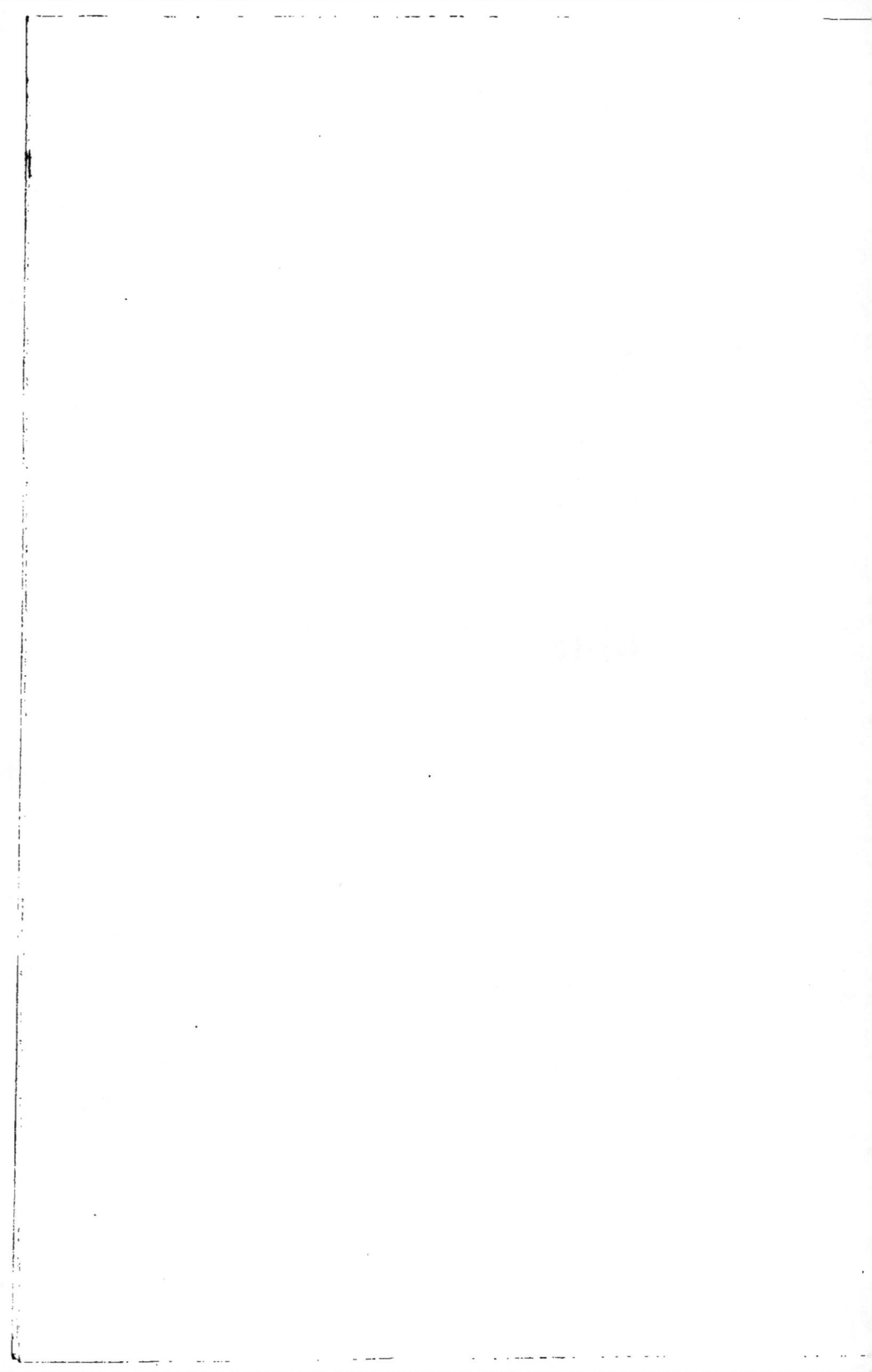

NOTICE

HISTORIQUE ET ARCHÉOLOGIQUE

SUR LES

ÉGLISES DE LAON

PAR Mⁿ MELLEVILLE,

Membre de plusieurs Sociétés savantes;

EXTRAITE

DE L'HISTOIRE DE LAON DE CET AUTEUR,

&

ORNÉE DE VIGNETTES SUR BOIS

Représentant ses Monuments religieux.

A LAON

Chez **Huriez**, libraire, place du Bourg, 7.

A PARIS,

Chez **Dumoulin**, libraire, quai des Augustins, 13.

1846

1847

IMPRIMERIE DE Éd. FLEURY ET L. HURIEZ,
rue Sérurier, 22.

LES

ÉGLISES DE LAON.

CHAPITRE I.er

ANCIENNES ÉGLISES ET CHAPELLES.

Saint-Georges, Notre-Dame et Saint-Pierre-au-Marché, Saint-Etienne-de-la-Ville. Emplacement de ces églises ; leur destruction. Sainte-Geneviève : son ancienneté. Sainte-Benoîte; Saint-Corneille : servait autrefois à la communauté des curés de la ville. Saint-Remi-Porte ; Saint-Martin-Parvis ; Saint-Michel : tradition relative à son emplacement. Saint-Remi-Place. Saint-Victor. Saint-Jean-au-Bourg. Saint-Cyr, St-Julien, Saint-Pierre-le-Viel. Anciennes églises de Sainte-Preuve et de St-Just. Saint-Etienne-des-Champs , Saint-Remi-de-la-Tour , Ste-Geneviève-hors-des-Murs , Saint-Autbod , Saint-Genest , Saint-Génébaud , Saint-Hilaire. — Eglise de Saint-Vincent. Premier vaisseau. Sa reconstruction. Description. Eglises de l'abbaye de Saint-Jean : Sainte-Marie-Profonde; Saint-Michel ; Saint-Jean-Baptiste; Sainte-Marie-Madeleine; Sainte-Croix ; Saint-Aper ; Saint-Pierre-en-l'Abbaye. Eglise des Capucins , des Cordeliers et des Minimes. — Anciennes chapelles , de la Madeleine , de la Cour-du-Roi, de la Trinité, de St-Victor , de St-Antoine, du Palais, etc. Oratoires de St-Génébaud et de St-Béat.

Au milieu du 14e siècle , on comptait à Laon soixante-deux édifices consacrés au culte , savoir : 39 églises et 17 chapelles ou oratoires dans la ville ; 5 églises dans les faubourgs et une dans l'abbaye du Sauvoir. A cette quantité vraiment prodigieuse de monuments religieux élevés sur un espace aussi resserré qu'est la montagne, se joignait encore un clergé non moins nombreux, ce qui avait valu à Laon la qualification de *ville sainte*, qu'on lui donnait à cette époque. De tous ces édifices, quelques-uns seulement sont restés debout ; les autres ont si complètement disparu, qu'il est aujourd'hui impossible d'en découvrir des traces ailleurs que dans les traditions. Nous allons nous occuper d'abord de ces derniers : nous passerons ensuite à ceux qui se sont conservés jusqu'à nous.

LES ÉGLISES.

On comptait onze églises, dont dix paroissiales, dans les trois quartiers de la Cité, indépendamment de la cathédrale et des sept églises de l'abbaye de Notre-Dame. Elles furent toutes consumées par les flammes dans l'incendie de 1112, et reconstruites peu de temps après.

Le quartier St-Georges en renfermait quatre : St-Georges, Notre-Dame et Saint-Pierre-au-Marché, et Saint-Etienne-de-la-Ville. Les deux premières étaient placées près de la porte Chevresson, à côté de l'endroit que l'on nommait le *Vieux-Mont*. Elles furent détruites avec Saint-Etienne-de-la-Ville, dont nous ignorons l'emplacement, lors de la construction de la citadelle, en 1595.

Saint-Pierre-au-Marché était placé à l'extrémité du Cloître. On prétend que le premier vaisseau en avait été construit, en 545, par Clotilde, reine de France. Cette église était d'abord une collégiale : après la destruction des trois églises précédentes, leurs biens furent réunis à Saint-Pierre, qui devint en même temps paroissiale. Cette église a été transformée en habitation particulière dans ces derniers temps ; on en voit encore des vestiges.

Le quartier Sainte-Geneviève renfermait trois églises : Ste-Geneviève, Sainte-Benoîte et St-Corneille. Sainte-Geneviève était placée dans l'impasse de ce nom; elle était fort ancienne, et existait dès le 6ᵐᵉ siècle. En 650, Landon, archevêque de Reims, lui donna le village d'Eppes avec ses dépendances. A la fin du 12ᵐᵉ siècle, les chanoines de la cathédrale y établirent un chapitre d'hommes. Cette église a été détruite dans la révolution.

Sainte-Benoîte se trouvait au fond de l'impasse de ce nom, dans la rue porte Royer. Elle était autrefois, dit-on, succursale de l'église Saint-Pierre d'Ardon.

L'église de Saint-Corneille et Saint-Cyprien ne fut jamais paroissiale : c'était, dans l'origine, la chapelle du palais royal qui s'élevait dans son voisinage; elle était desservie par les curés de la ville, qui, avant le 14ᵐᵉ siècle, y vivaient en communauté, constitués en confrérie. Cette église était placée à l'entrée de la rue Sainte-Geneviève : on en voit encore des restes.

Il y avait quatre églises dans la Cité proprement dite; c'étaient : Saint-Remi-Porte, Saint-Martin-au-Parvis, St-Remi-Place et Saint-Michel.

St-Remi était placée à la porte du Cloître, d'où lui venait son nom de *Saint-Remi à la porte*. Cette petite église, reconstruite au 16ᵐᵉ siècle, formait un vaisseau carré; ses portails présentaient des détails pleins de goût, dans le style de la renaissance. Elle a été abattue en 1840; les archéologues en déploreront longtemps la perte.

Il y avait anciennement dans cette église une confrérie célèbre sous le nom de Saint-Maur. Les biens en furent réunis à l'hôpital, en 1683.

Saint-Martin-au-Parvis tirait son nom de sa position sur le parvis de la cathédrale, contre et à gauche du grand portail : cette église, plus grande que la précédente, avait la forme d'une croix latine. La nef existe encore; elle est transformée en habitation particulière.

L'église Saint-Michel était placée à l'entrée de la Cité, près de la porte Mortée. Une très-ancienne tradition veut qu'elle ait été construite sur les ruines d'un temple élevé au dieu Mars par les premiers habitants de Laon. Elle était formée d'un vaisseau carré de petite dimension, et accompagnée d'une tour surmontée d'une flèche en bois. Cette tour et sa flèche ont été démolies dans la révolution comme menaçant ruine, et l'église en 1838.

L'église de Saint-Remi-à-la-Place tirait son surnom de sa position sur la Placette. On la nommait aussi Saint-Remi *au velours*, parce qu'elle était fréquentée par la majeure partie des familles riches de la ville. Elle a été convertie en salle de spectacle en 1807, et existe encore avec cette nouvelle destination.

Le Bourg renfermait six églises qui étaient : Saint-Victor, Saint-Jean-au-Bourg, Saint-Cyr, Saint-Julien, Saint-Pierre-le-Vif et Saint-Martin.

L'église Saint-Victor était placée dans les Chenizelles, non loin de la porte de ce quartier : elle fut détruite par les Anglais, en 1359.

Celle de Saint-Jean était en même temps collégiale. Elle s'élevait près des murs et du rempart actuel de Saint-Jean : elle fut reconstruite au 16me siècle. On en voit encore l'abside, qui est circulaire.

L'église Saint-Cyr était placée dans la rue de ce nom ; celle de Saint-Julien, à l'entrée de la rue des Casernes. Cette dernière était très-ancienne : elle existait déjà au 10me siècle. Les villages de Clacy et Thierret dépendirent longtemps de sa paroisse.

L'église Saint-Julien devint collégiale au 12me siècle : on voyait autrefois auprès d'elle le caveau où saint Génébaud accomplit sa pénitence. Saint-Cyr a été détruite dans la révolution, et Saint-Julien vers 1820.

L'église Saint-Pierre-le-Viel ou le Vif était placée près de celle de Saint-Martin, dans la rue de l'Ancien-Collège. On pense qu'elle avait été construite par saint Béat. Ce n'était, dans l'origine, qu'un petit oratoire souterrain, où les chrétiens se rassemblaient dans les temps de persécutions, pour s'y livrer aux exercices de la religion. Le vaisseau de cette église, reconstruit dans l'un des derniers siècles, existe encore; il a été transformé en manufacture de laine.

Nous parlerons ailleurs de l'église Saint-Martin.

Indépendamment de ces six églises, on trouvait encore plus anciennement deux autres églises dans ce quartier. La première était celle de Sainte-Preuve, que l'on dit avoir été fondée au 6me siècle par Clotilde, reine de France. On sait qu'elle s'élevait sur le Bourg, mais on en ignore la place précise. Elle était desservie par un prieur et des religieux qui, dit-on, furent chassés au 12me siècle par des mal intentionnés. La seconde était l'église Saint-Just. Celle-ci se voyait à peu près à la place où est aujourd'hui la chapelle du cimetière. Elle fut réunie à celle de Saint-Cyr, au 14me siècle.

On comptait trois églises dans la ville de Saint-Vincent : Saint-Etienne-des-Champs, Saint-Remi-à-la-Tour et Sainte-Geneviève-hors-des-Murs.

L'église Saint-Etienne-des-Champs ou Saint-Etienne-du-Mont, était placée à peu près à l'endroit où l'on a percé la nouvelle porte de Paris. La nef en fut démolie en 1545, pour construire le rempart de ce côté : le chœur fut abattu en 1595, lors de la construction du bastion que l'on voit encore en ce lieu.

Celle de Saint-Remi-à-la-Tour était située près de la tour Saint-Remi, qui tire son nom, dit-on, de ce que saint Remi, archevêque de Reims, aimait à se retirer, avant son pontificat, dans cet endroit de la montagne alors désert. Elle fut démolie en 1545, lorsqu'on construisit le rempart depuis cette tour jusqu'à celle d'Ève.

Sainte-Geneviève-des-Champs ou Sainte-Geneviève-hors-des-Murs, était placée sur le chemin de Saint-Vincent; nous ne pouvons en assigner l'emplacement d'une manière plus précise. Elle fut détruite par les Anglais, au 14me siècle.

La Villette de Saint-Vincent renfermait quatre églises, non compris celle de Saint-Vincent; c'étaient : Saint-Autbod, St-Genest, Saint-Génébaud et Saint-Hilaire.

L'église de Saint-Autbod, vulgairement Saint-Aubeuf, était placée à peu près à l'endroit où est le calvaire actuel; celle de St-Genest se voyait près des Creuttes. Nous ignorons l'emplacement de celle de St-Génébaud, qui avait été construite, dans les dernières années du 12me siècle, par un abbé de St-Vincent. Ces trois églises furent détruites par les Anglais, en 1559.

L'église de St-Hilaire était située près de la porte d'entrée et des murs de l'abbaye de Saint-Vincent : c'était l'ancienne église des religieuses de Saint-Hilaire. Elle servait de paroisse à La Villette et à Semilly. Après la destruction de sa nef par les Anglais, le chœur continua de servir jusqu'en 1590, époque où la chapelle de Semilly ayant été érigée en paroisse, on le démolit à son tour pour agrandir cette même chapelle avec ses matériaux.

Indépendamment de ces églises paroissiales, il y en avait encore plusieurs autres renfermées dans l'enceinte des couvents ou des abbayes de la ville.

Église de Saint-Vincent. — On n'a aucun renseignement sur la première église de Saint-Vincent : on sait seulement qu'elle avait été reconstruite au 11me siècle par l'abbé Regnier, et terminée en 1072. Cette église était presqu'entièrement en bois, et fut bâtie avec le bois que le roi Philippe Ier permit aux religieux de prendre dans la forêt de Crépy.

Eglise de Saint-Vincent.

Moins d'un siècle après, c'est-à-dire en 1145, cette église
fut incendiée par la foudre et entièrement détruite. Un abbé
de cette maison, nommé Hugues, la reconstruisit et cette fois
tout en pierres; les travaux durèrent 50 ans, de 1173 à 1205.
Ce nouveau vaisseau avait 300 pieds de long, et 100 pieds
dans la croisée; ses collatéraux seuls étaient voûtés. Selon le
goût du temps, dit un ancien historien, on en fit le chevet
carré et on le perça d'une croisée circulaire (rose). Les extrémités des ailes (transseps) étaient terminées de même.

Le portail se composait d'une porte géminée centrale, surmontée d'une grande arcade ogivale, et d'un pignon très-aigu
dans le style du 16me siècle, avec deux petites portes latérales
disposées de même. Dans les intervalles, les murs étaient décorés de hautes arcatures entre lesquelles se montraient des
statues portées sur des socles élevés. Au-dessus régnait une
petite galerie, et l'arcade était percée d'une rose dans le
style flamboyant. Le tout se terminait par une corniche et
un pignon, également décorés d'arcatures. Quatre clochetons, dont deux placés à l'extrémité des contreforts, com-
plétaient ce portail. Ces derniers étaient aussi surmontés de
statues portées sur des socles.

A l'intérieur, cette église présentait dans son ordonnance
générale et ses détails, une grande ressemblance avec la cathédrale. A St-Vincent, l'ogive peut-être moins indécise que dans
cet édifice, s'y montrait aussi partout mêlée au plein cintre ; une
large allée principale entourée d'étroits bas-côtés; des colonnes
dont les chapiteaux portaient les mêmes ornements ; des
travées ogivales surmontées d'une seule petite galerie; des
voûtes également ogivales, et dont les nervures retombaient
sur des faisceaux de colonnettes qui descendaient elles-mêmes
jusque sur les grosses colonnes, en se rattachant aux parois
de l'église par des anneaux; un chevet carré percé de trois
fenêtres lancettes dans le bas, et d'une rose dans le haut ; une

double rangée de petites fenêtres cintrées ou à peine ogivales, ouvertes au-dessus de la galerie et le long des bas-côtés; tout, en un mot, dans l'église de Saint-Vincent, rappelait la cathédrale et paraissait avoir été copié sur elle. Néanmoins, elle n'était ornée que d'une seule tour, qui ne fut même terminée qu'en 1511. A cette époque, on reconstruisit le portail (nous venons de voir que le style est en effet de ce temps), et l'on voûta la nef.

Quelques années après, le 14 septembre 1536, la foudre tomba sur cette église pendant que les moines chantaient matines, passa au-dessus d'eux sans les toucher, arracha quelques pierres dans une chapelle, entra dans les combles où elle brisa une partie de la charpente sans y mettre le feu, et ressortit par une fenêtre.

La voûte de la nef et le grand clocher s'écroulèrent en 1612, par suite de l'ébranlement que l'église avait souffert durant le siège de Laon par Henri IV, qui avait placé du canon sur cette même tour.

Cette église a été abattue pendant la révolution française, et il n'en reste plus que quelques pans méconnaissables.

Eglises de Sainte-Marie. — Lorsqu'au milieu du 7me siècle, Sainte Salaberge fonda à Laon l'abbaye de Sainte-Marie, elle fit construire sept églises pour les besoins de sa communauté. Elle consacra la première à la vierge Marie; la seconde était sous le vocable de saint Michel et de tous les anges; la troisième, de saint Jean-Baptiste et de tous les patriarches et prophètes; la quatrième, de sainte Marie-Madeleine; la cinquième avait été élevée en l'honneur de la Sainte-Croix; la sixième, de saint Aper, martyr; et la dernière, de saint Pierre et de tous les apôtres. Les six premières étaient renfermées dans l'enceinte même du monastère; la septième s'élevait à l'entrée, du côté de la porte Royer.

Cinq de ces églises subsistaient encore au commencement

Arcade provenant de St-Jean-l'Abbaye.

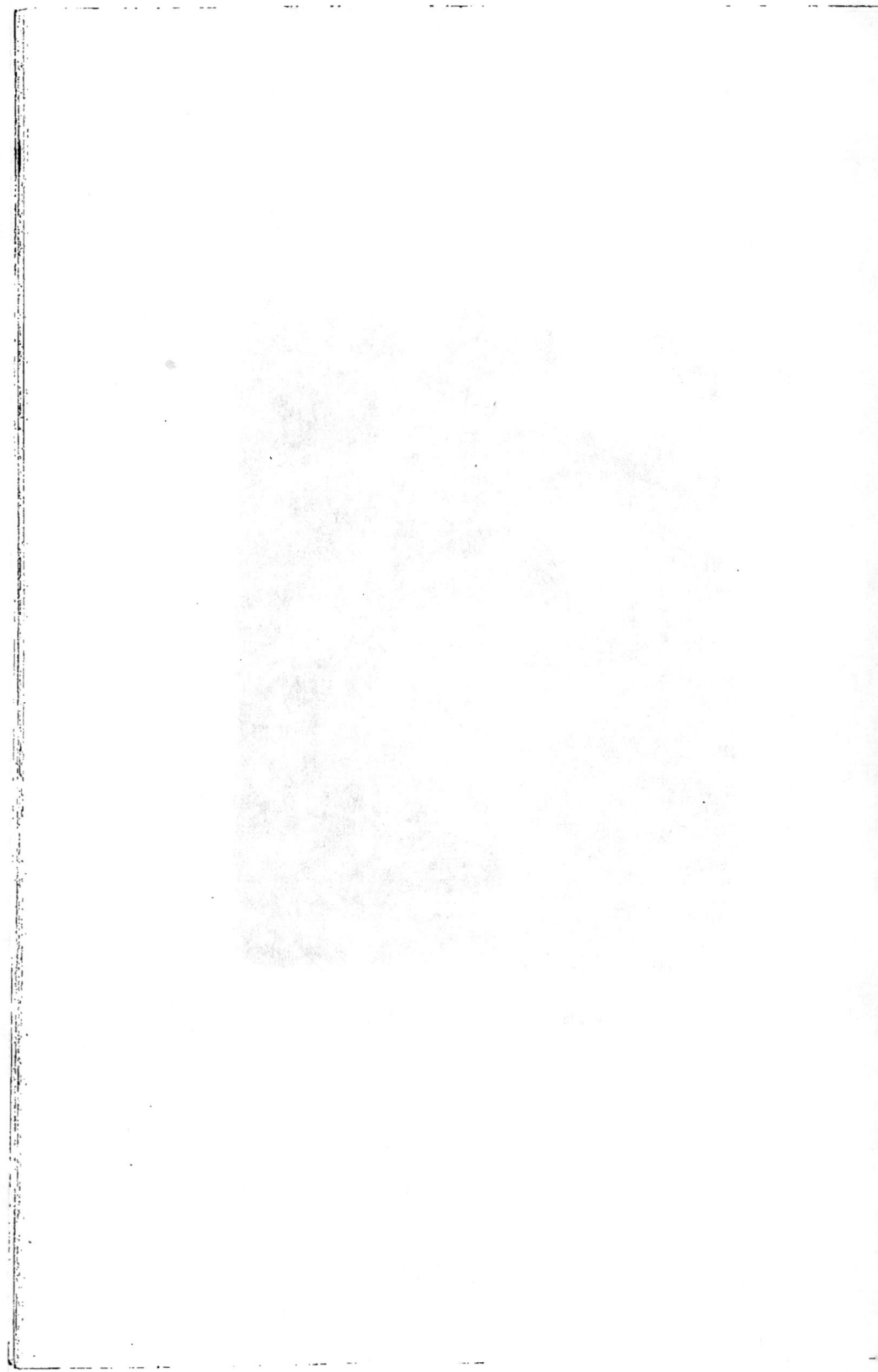

du 12ᵐᵒ siècle; mais celles de saint Aper et de la Sainte-Croix étaient déjà tombées de vétusté. Les autres furent détruites par l'incendie de 1112, car elles étaient en bois.

On ignore si toutes furent alors reconstruites; mais il est permis d'en douter; car il n'est plus dès-lors question que de deux d'entre elles, l'église de Saint-Pierre et celle de Sainte-Marie. La première fut abattue en 1145, la seconde en 1590.

On voit encore les ruines de cette dernière : elle était placée à la pointe de la montagne qui domine la cuve Saint-Vincent. On peut s'assurer qu'elle avait la forme d'une croix latine et qu'elle était terminée par un chevet circulaire. Sa longueur pouvait être de 80 mètres, et sa largeur de 10. On n'y voyait point de bas-côtés.

Cette église fut démolie par les ligueurs, dans la crainte que, placée comme elle l'était sur le rempart, elle n'en facilitât l'escalade aux troupes royalistes. On trouva dans les murs, des cheveux enveloppés de vieux taffetas, et une petite bouteille de verre pleine d'huile.

On voyait dans l'église de Ste-Marie, le tombeau en marbre blanc d'Etienne de Suzy, cardinal et chancelier de France, mort en 1311.

Eglise des Capucins. — Nous ne possédons aucune espèce de renseignement sur cette église, qui fut démolie dans le cours de la révolution française.

Eglise des Cordeliers. — Cette église, également détruite à cette époque, renfermait les tombeaux de plusieurs personnages distingués.

On y voyait celui d'Antoine Dubourg, chancelier de France, qui mourut à Laon en 1538, écrasé sous les pieds de la foule par laquelle il avait été renversé de sa mule pendant qu'il descendait la montagne. Il était représenté à genoux et les mains jointes.

On y voyait aussi la tombe de Guillaume d'Harcigny, médecin de Charles VI, mort en 1393. Ces mots étaient gravés à l'entour : *Obiit venerandæ memoriæ magister Guillelmus De Harcigny, anno salutis 1393, die mensis Junii decimo. — Deo et naturæ redde simplicia acta compositi : sint Deo grata.*

Église des Minimes. — Ce monument, de moyenne dimension, n'existe plus entier. Après avoir été longtemps le réfectoire du collège, on l'a, dans ces dernières années, rendu à sa destination primitive. Il sert aujourd'hui de chapelle à cet établissement.

L'église des Minimes n'offre rien de remarquable dans son architecture. Ses voûtes, formées d'ogives de transition, sont supportées par de lourdes et épaisses nervures, réunies au centre par une clef fleuronnée, et reposent sur des colonnes très-grêles. Tout, dans cette construction, accuse le 12me siècle.

Deux particularités sont à noter dans cet édifice : la première, c'est qu'il a toujours été considérablement enterré au-dessous du sol environnant; aussi l'a-t-on coupé dans sa hauteur par un plancher, afin d'en mettre le pavé de niveau avec celui des places voisines; la seconde, c'est que le dessus en était occupé par le dortoir des religieux, chose contraire aux prescriptions de l'église, car les anciens canons défendent expressément de faire servir à aucun autre usage que celui du culte, les édifices élevés pour lui.

A cette petite église se rattache un grand souvenir : selon la tradition, c'est dans son enceinte que le fameux Abailard aurait enseigné, quand, au 12me siècle, il voulut élever à Laon une école en opposition avec celle d'Anselme, le célèbre *docteur des docteurs.*

LES CHAPELLES.

Les chapelles n'étaient pas en moins grand nombre que les églises : on en comptait, avons-nous dit, 17 dans la ville.

Chapelle de la Madeleine. — Elle était placée dans le jardin de Saint-Vincent, près de l'étang. Elle fut construite en

1082. Elle était octogone, avec un enfoncement pour l'autel, et probablement couverte d'un dôme. Il s'y faisait tous les ans, le dimanche des Rameaux, un grand concours de femmes et de servantes de la ville. Elle fut démolie au milieu du 17me siècle.

Oratoire de Saint-Génébaud. — Cette chapelle se voyait dans le cimetière Saint-Julien, près du rempart Saint-Just. Elle se composait de deux étages; l'inférieur était le même caveau où, selon la tradition, Génébaud, premier évêque de Laon, avait passé sept années enfermé par pénitence (voyez *Histoire de Laon,* livre VIII, chap. II.)

Chapelle de la Cour-du-Roi. — Elle était également à double étage et placée dans l'intérieur de la cour du roi, près la grosse tour. Elle était tombée en ruines au milieu du 18me siècle.

Chapelle de la Trinité. — Elle fut bâtie en 1399, par Jean de Clamecy, maître d'hôtel de Charles VI, sur le Bourg, près de la porte Mortée. Entre autres biens, il lui donna l'hôtel de la Hure, situé à côté. Cette chapelle fut détruite dans la révolution. Les entrailles de M. Philibert de Brichanteau, évêque de Laon, y avaient été placées en 1651.

Chapelle Saint-Victor. — Elle était située près de la tour penchée, en face de la petite fontaine dite la *Pissotte.* Elle fut abattue en 1545.

Oratoire de Saint-Béat. — C'était une grotte souterraine creusée derrière la citadelle. On pensait qu'elle avait servi d'habitation et de sépulture à ce saint, et le clergé de la ville y faisait tous les ans, au mois de mai, une procession solennelle. Elle fut bouchée en 1595, lors de la construction des murs de la citadelle.

Chapelle Saint-Antoine. — Elle était placée dans le cloitre, près et à l'extrémité de la cathédrale.

Chapelle du Palais. — C'était celle de l'ancien palais des rois, à Laon; elle se voyait près du couvent des Cordeliers.

Les chapelles du Séminaire, de l'Hôtel-Dieu, de la Prison et de Chantrud étaient placées dans l'intérieur de ces maisons. Celles de Saint-Just, de l'Évêché, des dames de la Congrégation et de l'Hôpital existent encore : comme elles ne présentent rien de particulier dans leur construction, nous ne nous y arrêterons pas.

CHAPITRE II.

LA CATHÉDRALE.

Premier vaisseau de cette église; était dédiée à la Vierge. — Édifice actuel; sa valeur artistique, ses dispositions générales; ses dimensions; souterrains; différents sinistres qu'il a essuyés. — Description du monument. Grand portail; portail du midi; portail du nord; chevet; fenêtres et contreforts. Ordonnance générale intérieure : voûtes; bas-côtés; triforium; chapelles; chambre des démoniaques; jubé; sculpture et ornementation. Verrières. Pierres tombales. Chaire. Orgues. Sonnerie. Reliques; la Sainte-Face. Image de Saint-Remi. Recherches sur l'époque de construction du vaisseau de cet édifice. Dates de ses autres parties.

Selon une opinion traditionnelle, le premier vaisseau de la cathédrale de Laon aurait été élevé du temps de Constantin, au 4me siècle, sur les anciennes cryptes ou grottes souterraines, où se rassemblaient alors les chrétiens de la ville (1). St-Remi, dans son testament, la nomme *église baptismale*, parce qu'elle fut la première élevée dans le pays, et comme la mère de toutes les autres.

Dédiée à la Vierge dès le moment de sa fondation, elle fut d'abord appelée *église de Sainte-Marie*. Plus tard, après sa destruction au 12me siècle et sa reconstruction quasi-miracu-

(1) Cette ancienne crypte pourrait bien être le petit caveau placé sous le chevet de l'église, et dont l'entrée se voit dans la cour de l'évêché, dite cour de la glacière. On y descend par un superbe escalier de 40 marches au moins, surmonté d'une fort belle voûte à plein cintre et en pierres de taille.

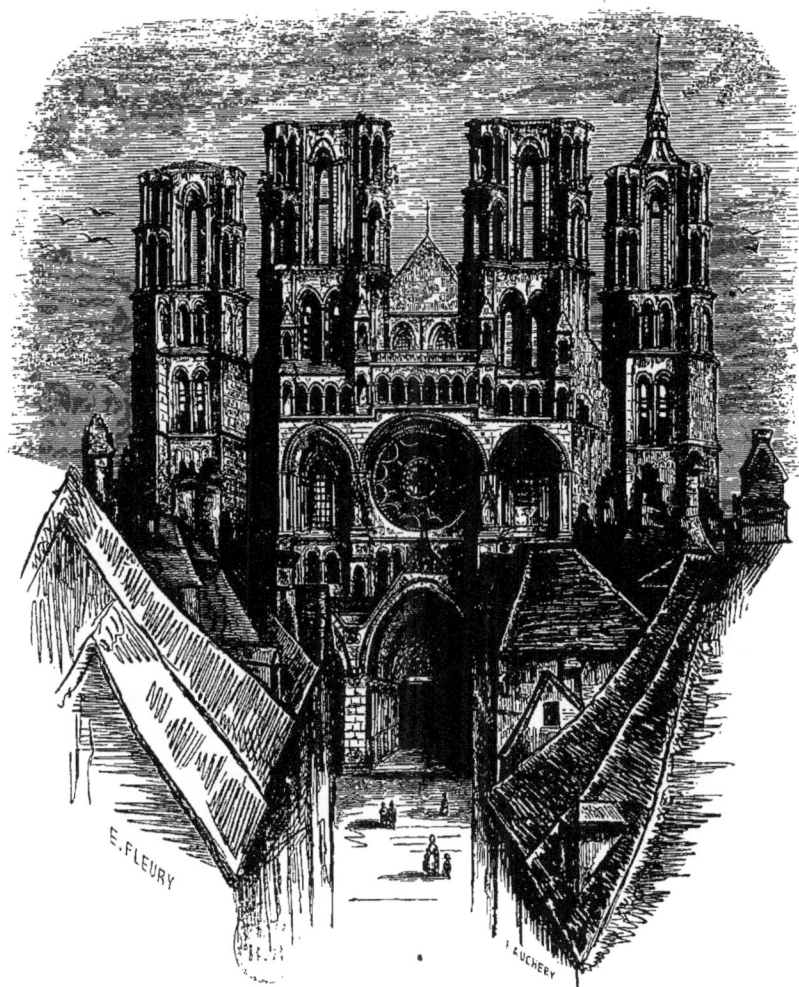

Cathédrale de Laon.

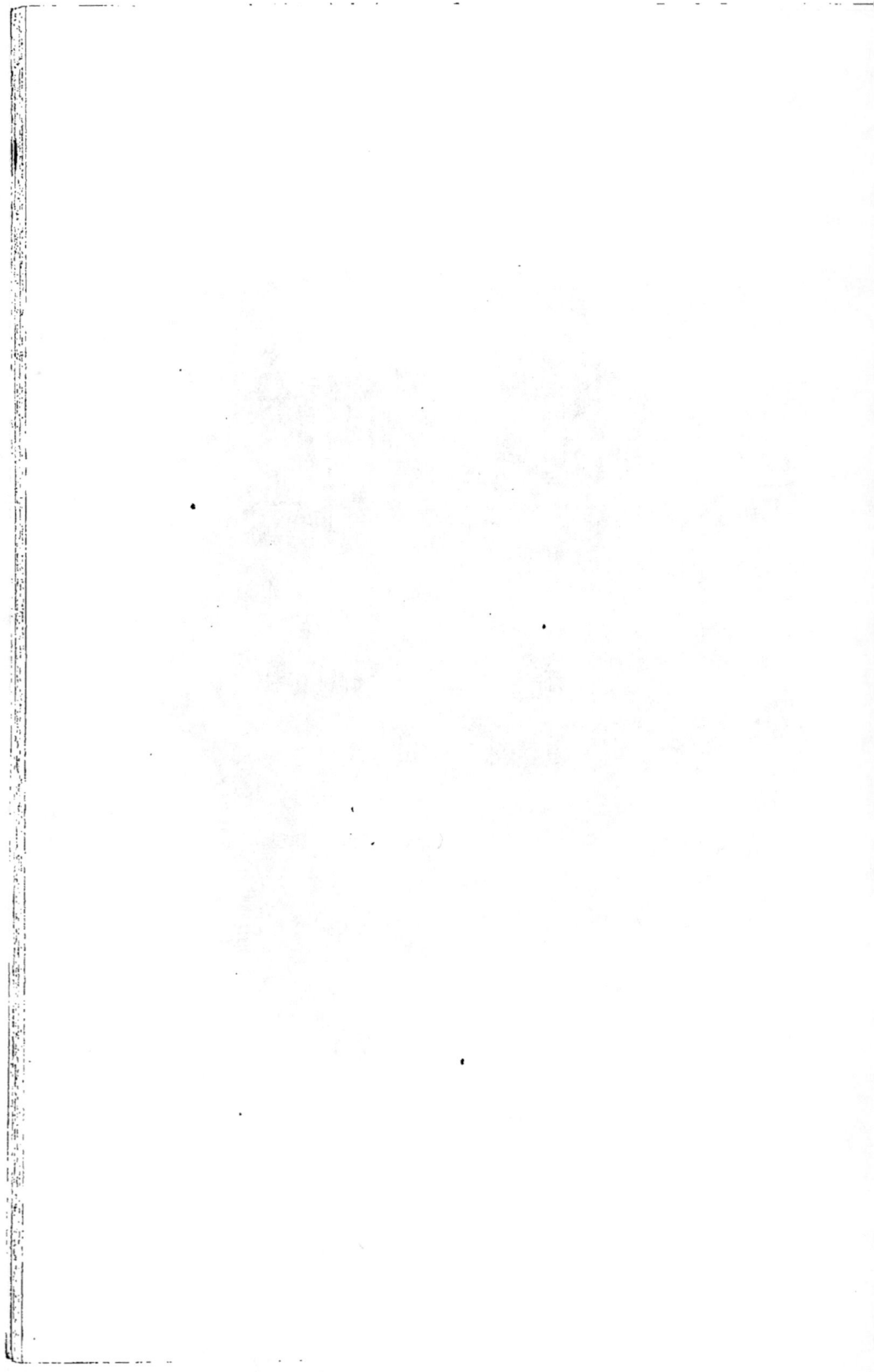

leuse, peut-être aussi à cause du nombre infini de reliques qui s'y trouvaient exposées à la vénération des fidèles, on lui donna souvent le nom de *Notre-Dame-des-Miracles* (1).

On ne possède aucun renseignement sur le premier vaisseau de l'église de Sainte-Marie; mais d'après toutes les probabilités, il était construit partie en bois, partie en pierres, selon l'usage du temps. Détruit par l'incendie de 1112, l'édifice actuel, au dire de la plupart des historiens, aurait été élevé sur ses ruines; assertion contestée par un certain nombre d'écrivains et que nous nous réservons d'examiner plus loin à notre tour. Quoi qu'il en soit, nous n'avons à nous occuper pour le moment que du vaisseau actuel de la cathédrale, et nous allons le faire avec quelque détail.

Le mérite et la valeur artistique de cette superbe basilique, l'une des plus anciennes et des plus considérables de la France, après avoir été si longtemps ignorés ou méconnus, même de ses propres enfants, sont enfin aujourd'hui parfaitement appréciés de tous. Cependant, elle attend encore un historien, car son importance est telle, qu'elle mériterait à tous égards les honneurs d'une monographie particulière. Notre but n'est point d'entreprendre ici un travail d'aussi longue haleine : nos forces, et la nature même de cet ouvrage, ne nous le permettent pas : mais, par une description sommaire des immenses détails de ce vaste édifice, par l'énumération rapide des innombrables beautés qui se rencontrent dans chacune de ses parties, nous devons essayer de prouver que les Laonnois ont le droit de se glorifier d'avoir élevé et de posséder encore au milieu d'eux un tel monument, qui, à vrai dire, est une œuvre de génie *bâtie*, comme les ouvrages de Racine et de Voltaire sont des œuvres de génie écrites.

(1) Un écrivain anglais du 14me siècle prétend qu'en 1395 on vit au-dessus du clocher du beffroi, sur la rue du Cloître, l'image d'un crucifix qui y resta l'espace d'une demi-heure, laissant *couler du sang par les stigmates.*

2

L'église est orientée et présente la forme générale d'une croix latine. Elle est aujourd'hui accompagnée de quatre hautes tours, dont deux sont placées sur le grand portail, et deux sur les portails latéraux. Ces derniers devaient être chacun surmontés de deux tours en pierres, comme le portail principal; mais la seconde n'a jamais été montée en maçonnerie qu'à la hauteur où nous la voyons, c'est-à-dire jusqu'à celle du toit de l'église. Néanmoins, ces deux pieds de tour supportaient autrefois deux hautes flèches en bois : l'une, celle du côté de l'évêché, a été abattue en 1750, comme inutile; l'autre, dans laquelle était placée la sonnerie du chapitre dite *l'ordinaire*, a été conservée jusqu'à la révolution française.

Les quatre tours actuelles sont elles-mêmes incomplètes, et trois d'entre elles n'ont jamais été finies. Elles étaient évidemment destinées, ainsi que celles des portails latéraux non terminées, à supporter autant de hautes flèches en pierres. De plus, on peut supposer que la lanterne elle-même devait également, dans le plan primitif de l'église, être surmontée par une flèche aussi élevée, plus élevée peut-être que celles des tours, car son diamètre est double du leur; en sorte que cette église achevée, eût été couronnée de six tours et de sept flèches, dont l'extrémité se serait perdue dans le sein des nuages, on peut le dire sans exagération : conception des plus vastes et des plus hardies, qui aurait fait de la cathédrale de Laon, un monument unique, non seulement dans la France, mais encore dans toute l'Europe. Quoi qu'il en soit, une seule des tours, celle de droite du portail, était autrefois ainsi surmontée d'une flèche carrée, flanquée de quatre clochetons à sa base; cette flèche s'élevait à 283 pieds (123 mètres 40 cent.) au-dessus du pavé de l'église. Sous prétexte qu'elle menaçait ruine, on l'a démolie en 1794.

La tour du portail latéral sud, porte seule aujourd'hui une petite flèche en bois ou campanille, dans laquelle est placée la sonnerie de l'horloge. Ce campanille, construit en 1407 pour cette destination, a été incendié par la foudre en 1844, et reconstruit la même année sur des proportions de hauteur un peu moindres.

Telles qu'elles existent, les quatre tours de Notre-Dame de Laon, en même temps qu'elles produisent l'effet le plus imposant, sont encore des modèles de hardiesse et de légèreté. Celle de la rue du Cloître, surtout offre des proportions parfaites. Le voyageur qui les aperçoit à une grande distance, alors que par l'effet de l'éloignement les angles s'émoussent et les formes deviennent vagues et incertaines, se demande, en voyant le jour percer de toute part entre les arcades et les colonnes dont elles sont formées, si elles reposent sur le sol, ou si, plutôt, un pouvoir magique ne les tient pas ainsi suspendues dans les airs? On jugera d'ailleurs de la hardiesse des constructeurs, quand nous dirons que les piliers intérieurs qui soutiennent ces masses effrayantes, ont à peine une toise carrée de diamètre!

Grâce d'une part à leurs hautes proportions, de l'autre à leur position sur une colline isolée, les tours de la cathédrale de Laon portent leur sommet à une élévation sans égale en Europe: leurs terrasses se trouvent à 525 pieds, et l'extrémité de la flèche du portail sud, à 570 pieds au-dessus de la plaine environnante; c'est 370 pieds de plus que Notre-Dame de Paris, 142 pieds de plus que la coupole de St-Pierre à Rome, et 155 pieds de plus que l'église de Strasbourg, dont la célèbre flèche atteint 437 pieds d'élévation.

Le vaisseau de la cathédrale de Laon se compose d'une large allée principale disposée en croix latine, comme nous l'avons dit, et accompagnée de chaque côté d'une allée latérale assez étroite. Ces bas-côtés sont surmontés de larges et belles tribunes au-dessus desquelles règne encore une petite galerie. Une haute coupole ou lanterne carrée, occupe le point d'intersection des transseps. L'extrémité du chœur se termine par un chevet carré, percé d'une rose et de trois hautes fenêtres lancettes. Les extrémités des ailes sont également carrées. Les bas-côtés sont flanqués de chapelles, au nombre de 15 dans la nef, de 14 dans le chœur et de 2 dans les transseps. Originairement, il n'y avait de chapelles que les quatre placées au côté oriental de ces transseps, et celle actuelle des fonts; le côté extérieur des allées latérales était alors fermé par un mur élevé, percé d'une fenêtre entre chaque arcade, et divisé dans le bas en deux arcatures, comme il s'en voit encore dans plusieurs parties de l'église.

Celle-ci est éclairée par quatre roses et par environ 200 fenêtres qui règnent sur trois rangs dans toute la longueur de l'édifice: le premier, le long des galeries latérales et dans les chapelles; le second, dans les grandes tribunes, et le troisième au-dessus de la petite galerie supérieure. Enfin, l'église est divisée dans sa longueur, en 46 arcades ou travées, dont 24 dans la nef, 20 dans le chœur et 2 pour la croisée. Il y a de plus 18 travées dans les branches de la croix.

On compte en outre dans cette église, dix gros piliers carrés dont les faces sont découpées en colonnettes engagées, 54 grosses colonnes isolées, et 1,500 colonnettes de toutes dimensions, dont les fûts sont d'une seule pièce. Dans ce chiffre, nous ne comprenons pas encore celles qui, disposées en faisceau, surmontent les grosses colonnes et s'élèvent jusqu'aux voûtes; ces dernières, divisées par des anneaux, sont au nombre de 1,140.

Les dimensions des principales parties de cette immense basilique n'ont jamais été données d'une manière exacte: les voici telles qu'elles résultent de nos propres mesures:

Longueur totale de l'église hors d'œuvre, c'est-à-dire, depuis l'entrée du grand portail jusqu'aux contreforts du chevet, 121 mètres (372 pieds anciens.)

Longueur dans œuvre, depuis la porte jusqu'au chevet, 109 mèt. 66 cent. (331 pieds anciens.)

Longueur de la nef, depuis la porte d'entrée jusqu'aux piliers de la lanterne, 52 mètres 66 centimètres.

Longueur du chœur, 43 mètres 66 centimètres.

Longueur des transseps d'une porte à l'autre, 53 mètres 33 cent. (163 pieds anciens.)

Largeur de l'église, d'une chapelle à celle opposée. .	20 m	66 c
Idem de la grande allée.	11	"
Idem des collatéraux.	3	30
Largeur moyenne des travées.	3	30
Profondeur des chapelles de la nef	4	66
Idem des chapelles du chœur	4	"
Diamètre intérieur de la lanterne.	11	33
Idem des tours.	5	33
Elévation des voûtes au-dessus du pavé de l'église . .	24	"
Idem de la clef de la lanterne.	39	80
Idem des voûtes des collatéraux.	7	"
Idem des tours du grand portail	56	"
Idem des tours des portails latéraux.	59	75
Idem de la flèche de la tour du portail sud.	75	"

Toute cette église est construite en pierres calcaires de moyen appareil, généralement très-dures, liées par une couche épaisse de mortier. Ces matériaux proviennent en grande partie de la montagne de Laon même, ainsi que des carrières de Mons-en-Laonnois, Presles, Colligis, etc. Le noyau des parties massives est formé de moëllons noyés dans du mortier et revêtus de pierres de taille. Les grosses colonnes composées de plusieurs assises, et le fût des petites formé d'un seul morceau, sont en pierre siliceuse très-dure, à laquelle on a donné un beau poli. Au rapport d'anciens écrivains, elles étaient aussi belles que du marbre avant qu'un ignoble badigeon ait été uniformément appliqué sur elles. Plusieurs fûts de hautes colonnettes, par le fait de la charge qu'ils supportent, ou à cause de la nature de leurs parties constituantes, résonnent comme des cloches sous les coups d'un marteau.

On remarque dans cet immense édifice d'assez nombreux défauts de construction, qui paraissent provenir d'une grande précipitation que l'on aurait mise à la faire. Une chose plus malheureuse, c'est que la solidité de plusieurs de ses parties semble gravement compromise. Les deux piliers intérieurs qui soutiennent les tours du portail, non seulement font considérablement *le ventre*, mais encore celui de droite se fendille et s'écrase d'une manière sensible. Dans le haut, des murs continuent à s'ouvrir et à se disjoindre malgré les travaux de consolidation qu'on y a faits récemment. La tour du portail sud offre un surplomb considérable sur la rue du Cloître, ce qui a nécessité d'en refaire, il y a longtemps, l'une des jambes de force. Elle paraît en outre pencher en arrière vers l'est. Nous pourrions encore signaler plusieurs autres parties qui présentent des dégradations non moins considérables. Heureusement le gouvernement est venu en aide à la ville et au conseil général, et des réparations importantes y sont exécutées chaque année à frais communs.

Selon une opinion assez répandue, il existerait sous la cathédrale une espèce de seconde église souterraine, composée de vastes et longs couloirs avec des piliers et des voûtes. On y verrait même *un lac* plein d'eau. L'examen du monument suffit seul pour démentir cette opinion. L'édifice paraît avoir peu de fondation, et être bâti immédiatement sur la roche, base plus solide que toutes les maçonneries que l'on aurait pu faire. Il existe si peu de voûtes sous son pavé, que l'on y a longtemps enterré, et qu'on y a même construit des caveaux assez profonds pour y déposer les corps de deux ou trois évêques.

Cependant, cette opinion a quelque chose de vrai. On trouve en effet, aux environs, des *caves aux arènes* composées de longs, étroits et bas couloirs pratiqués au niveau des puits, et à l'extrémité desquels on voit un espace plus large rempli d'eau, parce qu'il reçoit les eaux pluviales d'une partie des toits de l'édifice; mais ces couloirs paraissent seulement creusés le long de l'église, sous les bâtiments de l'ancien chapitre, et ne pas pénétrer sous la cathédrale : cependant ils ont pu donner lieu à la fable de l'église et du lac souterrains.

Le temps n'est pas le seul agent destructeur que ce vaste édifice ait à redouter : ses hautes proportions, sa position sur une montagne élevée et isolée, l'exposent plus qu'aucun autre aux ravages des ouragans et surtout aux atteintes de la foudre. Nous allons rapporter quelques uns de ces accidents dont l'histoire nous a conservé le souvenir; mais nous ne doutons pas que le nombre n'en soit infiniment plus grand.

Après l'incendie de la cathédrale, en 1112, on avait entrepris à grands frais des travaux destinés à soutenir des parties de l'édifice qui menaçaient ruine, lorsqu'une nuit, pendant un violent orage, la foudre frappa les murs d'un coup si furieux, qu'ils perdirent leur aplomb, et qu'on se vit dans la nécessité de les abattre jusqu'aux fondements.

Le 20 juillet 1531, pendant une grande tempête mêlée de grêle, la foudre tomba sur la flèche de l'horloge et y mit le feu. De prompts secours empêchèrent l'incendie de se propager.

En 1542, le jour de l'Assomption, le feu du ciel éclata de nouveau sur cette église et y tua un homme, sans blesser aucune des 200 personnes qui l'entouraient.

En 1585, le 25 décembre, jour de Noël, pendant qu'un prédicateur faisait un sermon, la foudre tomba avec un fracas épouvantable sur la cathédrale : elle entra, sous la forme d'un brandon de feu, par la rose du portail, traversa l'église dans toute sa longueur, et sortit par le chevet. Quoiqu'elle se trouvât pleine de monde, personne ne fut atteint.

Le 14 juin 1611, le feu du ciel pénétra encore dans cet édifice, et y tua une femme.

En 1656, la foudre éclata de nouveau sur cette église, mais n'y fit aucun dégât.

Dans la nuit du 28 au 29 juin 1720, elle tomba jusqu'à *sept* fois sur les tours et les combles de la cathédrale, et mit le feu en plusieurs endroits. La population entière s'employa à l'éteindre ; mais l'eau arrivant difficilement à cette élévation, on fut obligé de couper les pièces de bois enflammées, et de les jeter en bas pour empêcher l'incendie de se propager. Une procession, qui se faisait encore au moment de la révolution, fut instituée à cette occasion pour remercier Dieu de la conservation de cette basilique.

Au mois de mai ou juin 1815, le feu du ciel tomba de nouveau sur l'église, et y tua deux conscrits qui s'y étaient mis à couvert de la pluie.

Enfin, le 7 mai 1844, la foudre éclata encore sur la flèche de l'horloge, et y mit le feu. La difficulté de porter des secours à cette élévation, rendit longtemps inutiles les efforts de la population : heureusement, l'incendie se propagea avec une extrême lenteur, ce qui permit enfin de l'éteindre. On frémit en pensant aux malheurs qui auraient pu arriver, si cette flèche se fût écroulée embrasée sur les combles de l'église et les maisons voisines.

La cathédrale faillit encore être renversée à la fin du 17me siècle, par un tremblement de terre, phénomène bien rare dans nos contrées. C'était le 18 septembre 1691 ; on était sur le point de chanter les vêpres, et des gens étaient occupés aux préparatifs de cette cérémonie. L'agitation du sol, les mouvements du crucifix placé sur le jubé, les oscillations des lampes, le son réitéré d'une clochette suspendue près de l'autel, tout cela effraya tellement ceux qui se trouvaient dans l'église qu'ils s'enfuirent en désordre vers les portes pour en sortir. Les habitants des quartiers environnant la cathédrale, non moins épouvantés, se hâtèrent d'abandonner leurs maisons, dans la

Portail de la Cathédrale.

crainte de voir cet édifice s'écrouler sur eux. Les tours oscil-
lèrent plusieurs fois, et la grande flèche en pierres du portail
se balança tellement, qu'on crut la voir tomber. Elle perdit
seulement son aplomb, et demeura légèrement penchée vers
le couchant; c'est à cela que se réduisit tout le dégât.

Nous allons maintenant passer à la description générale de
ce monument.

Le portail se compose de trois grandes arcades ogivales
surbaissées, s'avançant en porches, soutenues par des pieds
droits lisses, ornés de colonnes dans les angles, et surmontés
de quatre tourillons carrés à jour. Dans l'origine, ces pieds
droits étaient percés d'une large ouverture carrée, qui a été
bouchée plus tard. Les raccords de la nouvelle maçonnerie
avec l'ancienne, ont fait croire à plusieurs écrivains que le
porche avait été ajouté après coup. Ces ouvertures sont rem-
placées, de chaque côté, par une double arcature franchement ogivale, supportée par trois colonnettes, dont celle du
milieu, plus longue que les deux autres, repose sur un socle
pentagone.

L'archivolte de ces porches, formée de cordons fleuronnés
nettement fouillés, est surmontée de frontons aigus, dont le
centre est occupé par des sujets sculptés très-frustes. Dans le
fronton de l'arcade du milieu, la Vierge assise sur un trône à
colonnes, et tenant l'enfant Jésus sur ses genoux, est accompagnée de personnages dont deux sont debout et deux assis.
Cette sculpture est dans un tel état de mutilation, qu'il est impossible de deviner ce qu'elle représente. On voit seulement que le
personnage debout à droite de la Vierge, tient un long rouleau
déployé, et derrière lui on aperçoit un édifice. Ce tableau était
peut-être destiné à rappeler que cette basilique avait été placée
sous la protection de la mère de Dieu.

La sculpture du fronton de droite représente l'archange St-
Michel, foulant aux pieds le dragon. On voit à gauche une

figure assise, vêtue d'une longue robe, tenant à la main comme une croix ornée de feuillages et les pieds posés sur un serpent; à droite un personnage tout à fait mutilé. Dans le fronton de gauche, la Vierge, revêtue d'une tunique serrée à la taille et d'un long manteau, est debout entre deux personnages qui s'agenouillent.

Les côtés des portes sont ornés de colonnettes lisses ou cannelées, droites ou torses, et les voussures et les tympans de sculptures. Dans les voussures, ce sont des entrelacs chargés de distance en distance de bouquets d'artichauts; les chapiteaux des colonnettes sont ornés de deux rangs de feuilles délicates, profondément fouillées.

De chaque côté de la porte principale existent neuf colonnettes dont quatre plus courtes, parce qu'elles supportaient autrefois des statues colossales aujourd'hui absentes, mais dont les dais, d'un excellent travail, sont encore en place.

Le tympan de la porte du milieu représente une scène dont le sujet est difficile à deviner. Deux personnages assis sur un banc à colonnes, ont à leurs côtés deux autres personnages debout, et sont entourés d'un cordon composé de dix anges portant des encensoirs. Au-dessus, le père éternel étend les bras. Les quatre autres cordons de l'archivolte sont composés de 44 personnages, tous assis et occupés d'une manière difficile à deviner, parce qu'ils sont plus ou moins mutilés; la tête leur manque à tous. Il y en a qui tiennent des instruments de musique; d'autres des rouleaux déployés.

Au tympan de la porte de droite on reconnaît le jugement dernier divisé en deux scènes superposées : dans le compartiment supérieur, Jésus-Christ portant le nimbe crucifère, les pieds nus posés sur un tabouret fleuronné, est assis entre huit personnages représentant sans doute les Apôtres, que le défaut d'espace n'aura pas permis de placer tous. Au-dessous, les morts sortent de leurs tombeaux, et dans le compartiment inférieur figurent, à droite, les élus conduits par un ange, à gauche, les réprouvés enchaînés et traînés par un démon,

Le tympan de la porte de gauche se divise aussi en deux compartiments : dans la partie supérieure, la Vierge tenant l'enfant Jésus est assise entre des personnages difficiles à reconnaître; dans la partie inférieure, on voit un lit à baldaquin, sur lequel une femme est couchée. A droite un ange semble parler à un personnage revêtu d'une longue robe; à gauche est placée une figure tout-à-fait méconnaissable. Le premier cordon de l'archivolte est occupé par six anges, les autres par des personnages au nombre desquels on distingue plusieurs guerriers armés de boucliers; les uns sont en repos, les autres semblent combattre (1).

Au-dessus des porches règne d'abord une rangée de neuf fenêtres ogivales, ornées de colonnettes et d'un double cordon de fleurons et de quatre-feuilles. Ensuite, dans le milieu, une grande arcade cintrée occupée par une rose, et sur les côtés, deux fenêtres ogivales. La rose est divisée en un grand fleuron central, entouré de 48 compartiments disposés sur deux rangs. Dans le premier, ils sont presque carrés et séparés par des meneaux droits formés de colonnettes massives en pierre ; dans le second, ils sont demi-circulaires. Le tout est entouré d'un cordon de roses épanouies et de feuilles d'acanthe.

Les fenêtres qui s'ouvrent au-dessus des porches latéraux, sont séparées de l'arcade du milieu par des contreforts carrés, que cachent deux gros clochetons appliqués. Ces fenêtres, dont

---

(1) A la voûte du grand portail était autrefois suspendu un os énorme, dépouille de quelque cétacé fossille trouvé à Laon ou dans les environs. Cette pièce curieuse d'histoire naturelle, que l'on nommait *l'os qui pend*, se voyait encore au commencement de ce siècle : elle a disparu depuis.

Il y avait anciennement à Laon sept merveilles que l'on montrait aux étrangers; c'étaient : l'os qui pend, la cathédrale, les églises de Saint-Vincent et de Saint-Martin, la pierre à clous, la tour penchée et l'étang de Saint-Vincent.

l'archivolte est supportée par des figures d'hommes étrangement contournées, sont ornées de voussures remarquables par la perfection du travail. Elles se composent à chaque fenêtre, de quatre cordons disposés en retraite et composés alternativement de végétaux, d'animaux et de personnages. A la fenêtre de gauche, le premier et le troisième cordons représentent des espèces de dragons, tous revêtus d'un capuchon qui leur retombe sur le cou. Le cordon du milieu est occupé par dix personnages assis : le premier de gauche tient deux livres ouverts dans la main droite; il est vêtu d'une longue tunique, et un dais est suspendu au-dessus de sa tête. Au-dessus, le second a, auprès de lui, un enfant également assis et auquel il paraît montrer à lire dans un livre ouvert sur ses genoux. Le troisième, serré d'un serpent à la taille, est dans l'attitude d'un homme qui discute ; le quatrième a les bras tendus, comme un orateur qui pérore; le cinquième tient deux boules dans chaque main ; le sixième représente une femme portant une tringle, à laquelle sont attachées cinq sonnettes; le septième, encore une femme avec un astrolabe ; le huitième trace des lignes avec un compas sur une table placée sur ses genoux ; le neuvième est un personnage barbu dans l'attitude de la méditation ; enfin, le dixième tient une longue fiole ou philactère. On croit que ces personnages représentent le premier, la science par excellence ; puis, la grammaire, la logique, la rhétorique, l'arithmétique, la musique, l'astronomie, la géométrie et la philosophie; le dixième est incertain. Le quatrième cordon est formé de feuilles et de fruits délicatement travaillés.

La fenêtre de droite est également encadrée de quatre cordons. Le cordon intérieur présente huit aigles, les ailes déployées : au second, ce sont des personnages assis. Le cinquième personnage de droite tient dans une main un oiseau, dans l'autre un poisson. Le quatrième est un personnage barbu

qui caresse de la main droite le menton d'un autre personnage
nu et debout devant lui, et de la gauche lui saisissant le bras
droit lui montre trois quadrupèdes couchés à ses pieds. Au-
dessous un personnage seul s'appuie sur une *crossette* comme
un homme fatigué. Ensuite, un autre personnage drapé étend
les bras comme un homme qui harangue ; des anges placés
derrière lui l'encensent, et un homme prosterné à ses pieds
semble l'implorer. Enfin, un cinquième personnage, la couronne en tête, porte sur ses genoux deux hommes barbus qui
n'ont que la taille d'un enfant, et dont la tête est également
ornée d'une couronne : à droite et à gauche, des anges tiennent encore des couronnes dans leurs mains.

Ces différentes scènes paraissent représenter la création du
monde, la mission du Sauveur et la gloire des Justes. Au premier tableau Dieu crée les animaux ; au second il donne la
vie à l'homme ; il se repose au troisième ; au quatrième
Jésus-Christ annonce la rédemption ; et au cinquième les élus,
la tête ornée d'une couronne, sont reçus dans le giron de la
divinité.

A gauche de la fenêtre, un premier personnage semble compter. Le second tient de la main gauche deux écussons superposés, et sur l'un desquels on voit neuf têtes disposées en cercle avec
une dixième au milieu. Il a la main droite étendue vers l'église
et semble l'indiquer de l'index. Les trois personnages placés
au-dessus portent également chacun un écusson, sur l'un desquels on distingue un arbre avec ses branches et ses feuilles.
L'ornement des deux autres est méconnaissable.

Le sujet de ces dernières sculptures n'est certainement pas
emprunté à l'histoire sainte, et par cela même plus difficile à
deviner. Nous hasarderons néanmoins une conjecture à son
égard : Cette scène, placée en regard et pour ainsi dire côte à
côte avec la création du monde, n'aurait-elle point trait à la
réédification de l'église, cette création du clergé laonnois du

12me siècle? L'ancien sceau du chapitre représentait onze têtes de chanoines disposées en rond autour d'une douzième. C'est évidemment lui que le scuplteur a voulu reproduire dans l'écusson porté par le second personnage, et sur lequel le défaut d'espace n'aura permis d'en mettre que dix. Les autres écussons sont sans doute ceux de l'évêque et de quelques puissants personnages du temps. Or, dans l'attitude de la première figure qui semble compter; dans celle de la seconde qui montre le monument avec l'index, et dans la représentation de ces différents écussons, n'aurait-on pas voulu rappeler que l'édifice a été construit à frais communs par le chapitre, l'évêque et certains personnages ou certaines communautés religieuses? Nous laissons à de plus experts le soin de décider la question.

Le troisième cordon de l'archivolte est occupé par douze oiseaux fantastiques, perchés sur un pied de vigne qui serpente, et dont ils picotent les raisins. Le cordon extérieur est formé d'ornements en rinceaux qui partent, à droite d'un reptile sans aile, et à gauche d'un lion ailé.

Au-dessus de ces fenêtres, de la rose, et d'une corniche qui les couronne, vient une galerie ogivale divisée en trois parties et dont celle du milieu est la plus élevée. Les deux galeries latérales sont chacune composées de quatre arcades supportées par des colonnettes simples : celle du-dessus de la rose en a sept, et l'arcade qui en occupe le centre, plus large et plus élevée que les autres, est soutenue par un faisceau de trois colonnettes accouplées. A la hauteur de cette galerie, deux tourillons carrés et superposés, terminés par des pignons aigus, sont appliqués contre chaque contrefort.

Au-dessus de la galerie du milieu, le portail se termine par un petit balcon à jour, autrefois surmonté d'un vaste beffroi, dans lequel était placée la sonnerie. Ce beffroi a été démoli en 1843.

A partir de ce balcon, les deux tours du portail s'isolent et forment deux hauts étages : l'inférieur, carré, est éclairé sur chaque face par deux ouvertures lancettes accouplées ; le supérieur, octogone, par autant de longues ouvertures cintrées. Quatre des côtés de ce second étage, sont flanqués de tourillons entièrement à jour, et à leur tour divisés en deux étages, l'inférieur carré, le supérieur octogone. Ils sont éclairés par des arcades ogivales soutenues par des colonnettes, simples dans le haut, accouplées dans le bas. Dans chaque tour, l'un de ces tourillons renferme un escalier tout à jour, destiné à conduire sur les plates-formes, et dont les marches sont à chaque bout supportées par des colonnettes. On ne peut rien de plus hardi et de plus gracieux à la fois que ces dispositions. La corniche de la plate-forme de la tour de droite, est seule ornée de grandes têtes d'animaux fantastiques, d'une forme et d'un travail curieux.

Dans chaque tour, sur la corniche du premier étage des tourillons, on voit des statues de bœufs, la tête tournée en dehors. Aujourd'hui au nombre de huit seulement, elles devaient être seize dans l'origine, huit sur chaque tour. Nous reviendrons plus loin sur ces sculptures insolites.

Au pied septentrional de la tour de gauche, s'ouvre une charmante porte encadrée d'une archivolte ornée de roses épanouies, et de larges feuilles semblables à celles du platane, et retombant sur d'élégantes colonnettes, dont les chapiteaux sont décorés de feuilles de vigne d'un grand fini. Les sculptures du tympan sont méconnaissables. Au-dessus s'ouvrent d'abord deux fenêtres ogivales ornées de roses et de quatrefeuilles, puis, une autre plus grande du même style. On voit ensuite quatre tambours carrés sans ornements, et enfin une série d'arcatures correspondant à la galerie du portail. Au-dessus viennent les hauts étages dont nous avons parlé. La tour de droite est absolument semblable, à la porte près qui lui manque.

Le portail du midi, flanqué, à gauche d'une haute tour, à droite d'un pied de tour seulement, se compose, dans le milieu, dè deux grandes portes ogivales, séparées par un étroit trumeau et surmontées d'un grand fronton aigu dont les rampes supportent des feuilles de chardon. Leurs arcs retombent sur des colonnettes, dont les chapiteaux sont ornés de feuilles de vigne folle d'un beau travail. Au-dessus s'ouvre une très-grande fenêtre ogivale et rayonnante, qui se partage en trois ogives surmontées d'une rosace. Chaque ogive se subdivise elle-même en deux trilobées surmontées d'un fleuron. Au-dessus, règne une galerie composée de sept arcades, dont les archivoltes sont couvertes d'un double rang de fleurons profondément fouillés. Le tout se termine par une corniche.

Le soubassement de la tour de gauche est percé d'une porte ogivale encadrée de colonnettes. Au-dessus, on voit une arcade surbaissée, construite évidemment dans le but de consolider cette partie de l'édifice, comme la jambe de force de droite a été refaite pour parer au surplomb de cette tour. Toutes ces parties conservent des traces d'anciennes peintures aujourd'hui méconnaissables. Au-dessus, s'ouvre une fenêtre maintenant bouchée, divisée en deux ogives trilobées ; puis, vient encore une fenêtre ogivale, mais d'un autre style.

La tour se divise en trois étages supérieurs, au lieu de deux comme celles du grand portail. Le premier étage, carré, est percé de deux courtes ouvertures lancettes sur chaque face, entourées d'un bandeau orné de quatre-feuilles. Le second, également carré, est aussi percé de deux ouvertures lancettes plus allongées et franchement ogivales. Derrière, existe un mur intérieur plein, séparé de la construction extérieure par une petite galerie circulaire. Le troisième étage, octogone, est éclairé par huit grandes ouvertures lancettes ogivales, et flanqué de quatre tourillons divisés, comme ceux des tours du grand portail, en deux étages ; mais l'inférieur, au lieu d'être carré est octogone, et se trouve soutenu par des colonnes dont le fût est d'une seule pièce, et non de plusieurs assises. Les ornements des archivoltes et des corniches de cette tour, partout pareils à ceux des parties anciennes du reste de l'église jusqu'au deuxième étage, sont ensuite très-différents : ils se composent de feuilles recourbées en crosse, quelquefois entremêlées de têtes grimaçantes.

Au pied du soubassement de cette tour, et sur sa face occidentale, on remarque encore une petite rose dont les ornements sont d'une perfection remarquable et d'une étonnante conservation. L'archivolte en est ornée d'une guirlande d'artichaux, dont les feuilles sont appliquées sur le bandeau, tandis que le fruit ressort en ronde bosse.

Le pied de tour de droite est en tout semblable à celui de gauche, à l'exception de la porte qui lui manque, et de la première fenêtre dont le style est l'ogive de transition.

Le portail du nord est, comme celui du midi, flanqué à droite d'une tour, à gauche d'un pied de tour seulement. Il se compose de deux portes ogivales accouplées, soutenues par des faisceaux de colonnes. Au-dessus, règnent cinq fenêtres ogivales d'un autre style ; puis, une rose d'un moyen diamètre, et enfin une galerie semblable à celle du portail latéral sud.

La rose se compose d'une grande rosace centrale, autour de laquelle sont disposées huit autres rosaces plus petites, avec des trous circulaires percés dans les angles. Les meneaux sont très-massifs. Dans l'angle à droite, on remarque un pied droit commencé, qui indique que l'on a voulu remplacer cette rose par une grande fenêtre ogivale semblable à celle du portail du midi.

La tour qui surmonte le portail du nord, construite sur le modèle de celles du grand portail, s'en distingue beaucoup par ses détails. Les archivoltes et les pieds droits de ses deux étages supérieurs, sont ornés de feuilles crossées et de figures

bizarres et grimaçantes. Les arcades des tourillons sont toutes
trilobées, et les angles des murs du second étage sont ornés de
caissons circulaires découpés intérieurement en quatre-feuilles.

Le chevet de la cathédrale est carré; il est percé de trois
magnifiques fenêtres lancettes, surmontées d'une rose entièrement semblable à celle du grand portail. Au-dessus, règne une
charmante galerie ogivale terminée, à chaque extrémité, par
un tourillon carré. Ces tourillons étaient autrefois surmontés
d'une petite flèche en pierre. Le dernier contrefort est également orné d'un clocheton, porté par quatre colonnettes. Au
sommet du pignon, est sculpté un petit portique soutenu
par deux colonnes, et sous lequel un personnage est assis.

Les fenêtres de cet édifice, à l'exception de celles des chapelles dont nous parlerons plus loin, sont de simples ogives
de petite dimension. Elles sont encadrées de deux colonnettes,
et leurs arcs extérieurs, presque toujours ornés de quatre-
feuilles et de roses épanouies, reposent sur des figures d'animaux ou des têtes humaines grimaçantes.

Les contreforts, carrés et peu saillants, s'élèvent le long
des bas-côtés et se replient en arcs-boutants. Ils sont simples
et sans ornements à droite et à gauche de la nef; mais le long
du chœur, de petits gables panachés les couronnent.

Nous allons maintenant pénétrer dans l'intérieur de cette
basilique, et en étudier les parties principales comme nous
l'avons fait pour l'extérieur.

La voûte est partout ogivale, et soutenue par d'épaisses
nervures, dont les points d'intersection sont cachés par des
clefs découpées en fleurons. Dans la nef et le chœur, les nervures, composées d'un tore appliqué sous un bandeau, sont
disposées trois par trois, de manière à former un faisceau de
six réuni au centre par une clef. Chaque faisceau est séparé
du suivant par un large bandeau découpé en tores sur les
angles. Aux transseps et aux bas-côtés, les nervures retom-

Abside de la Cathédrale.

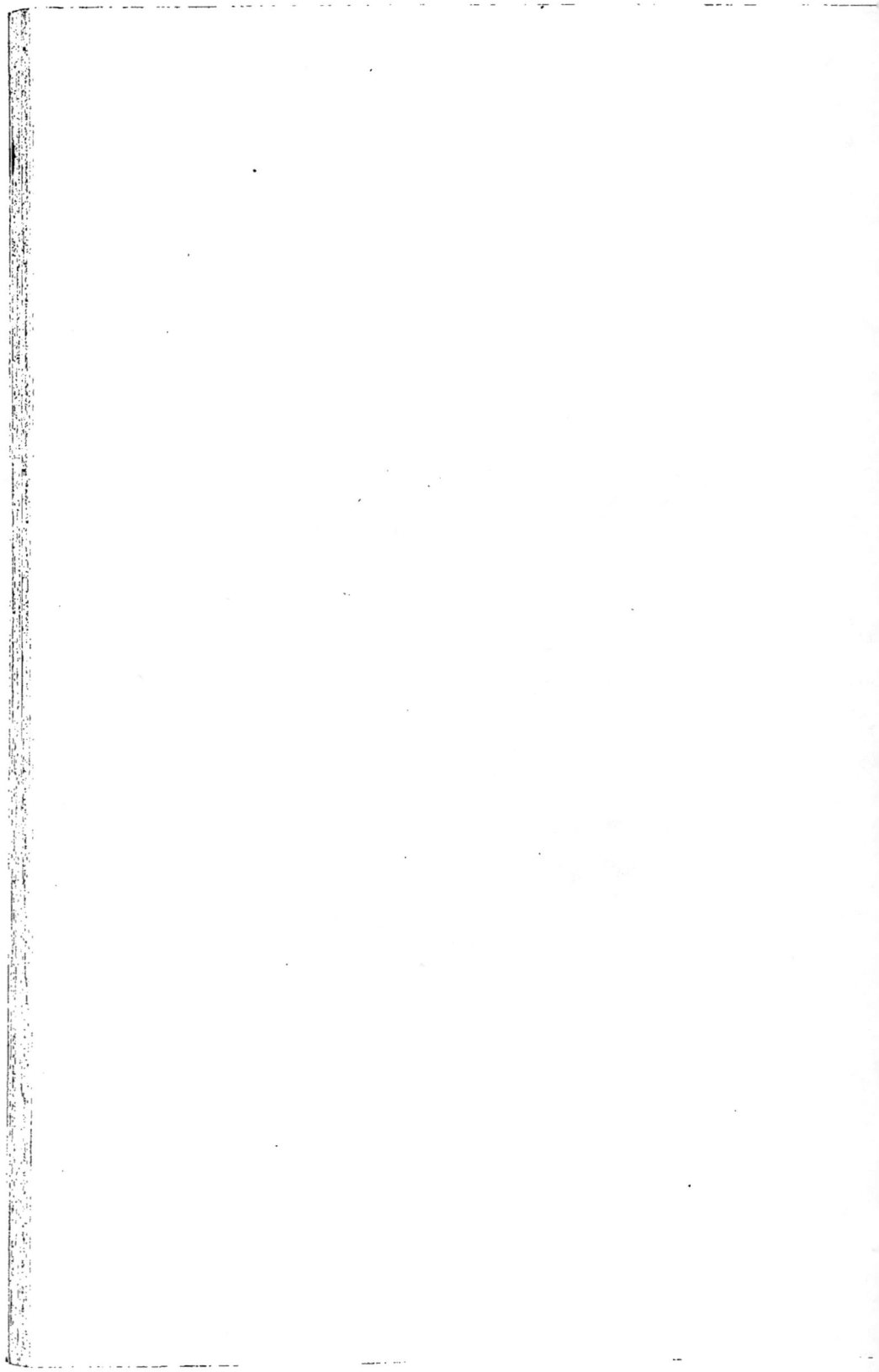

bent à chaque pilier et se composent d'un large bandeau bordé de deux tores.

La nef, le chœur et les transseps sont séparés de leurs bas-côtés par des arcades ogivales de moyennes dimensions, dont les arcs reposent sur de grosses colonnes cylindriques à bases tantôt carrées, tantôt exagones, à chapiteaux toujours cylindriques et chargés d'ornements différents à chacun d'eux. Ce sont, ordinairement, deux ou plusieurs rangs superposés de feuilles plates, avec ou sans nervures, et dont l'extrémité supérieure se recourbe le plus souvent en crosse. Les tailloirs sont, de même que les bases, ou carrés ou exagones. Aux colonnes de la première moitié du chœur, et à celles du côté oriental des transseps, chaque tailloir est séparé du reste du chapiteau par douze consoles ou corbeaux. Cette singularité se retrouve dans les chapiteaux des colonnes engagées qui garnissent les bas-côtés de ces parties de l'église, et jusque dans ceux des colonnettes qui supportent les arcatures ménagées dans l'épaisseur des murs extérieurs. On la remarque également dans les tribunes supérieures.

Une autre singularité se voit dans la nef : les quatre dernières colonnes sont entourées de six colonnettes détachées, disposées trois dans la grande allée, trois dans le bas-côté, et qui se relient à la colonne centrale par un anneau placé à moitié de leur hauteur. Cette disposition paraît être dans le plan primitif de l'église, car ces colonnettes semblent avoir été destinées à soutenir les faisceaux d'autres colonnettes qui surmontent chaque grosse colonne, en s'élevant jusqu'aux voûtes dont elles supportent les nervures. Ces faisceaux de colonnettes, alternativement de trois et de cinq, sont rattachés aux parois de l'église par des anneaux disposés de distance en distance.

Les six gros piliers qui soutiennent la lanterne et les tours s'élèvent d'un jet jusqu'aux voûtes, et sont découpés de manière à simuler des faisceaux de colonnes.

Les travées des extrémités des transseps au lieu d'être séparées par de simples colonnes, le sont par des faisceaux de colonnes. A gauche, ce faisceau est composé d'une colonne centrale entourée de six colonnettes, dont les fûts, d'une seule pièce, sont très sonores ; à droite, le groupe correspondant est composé de trois colonnes et de deux colonnettes.

Les bas-côtés, très étroits, tournent autour de la nef, du chœur et des transseps. On y remarque un de ces vices de construction dont nous avons déjà parlé : le point d'intersection des arcades et celui des nervures, se trouve sur deux lignes différentes, ce qui fait paraître ces allées latérales comme disposées en zig-zag.

Dans toute la longueur de l'édifice, s'étendent, au-dessus des allées latérales, de vastes tribunes éclairées, du côté extérieur, par de petites fenêtres ogivales, et du côté de l'église par des arcades géminées reposant sur des colonnettes, et percées dans une plus grande arcade, également ogivale. Aux extrémités des ailes, on trouve, à la hauteur du triforium, des parties de construction sur lesquelles nous devons appeler l'attention des archéologues. Dans le gros pilier qui soutient la tour du portail sud, on remarque, du côté de la tribune, une colonnette courte, portée sur un socle beaucoup plus haut que celui des colonnes environnantes. Les angles de ce socle, dont la forme elle-même n'a plus d'analogue dans le reste de l'édifice, sont profondément abattus et taillés en languette; partout ailleurs la languette est sur le socle et non sculptée à ses dépens. Le fût repose, sans intermédiaire, sur un boudin fort écrasé et très en saillie. Le chapiteau, très court, est orné de feuilles frisées grossièrement sculptées, dans une disposition et d'une forme particulières ; le tailloir, à son tour, est excessivement épais et lourd. Les colonnes engagées placées au côté sud de ce même pilier, celles du pied de tour qui leur correspond, et celles encore du pilier de la tour du nord, présentent des bases et des chapiteaux tout semblables.

Vue intérieure de la Cathédrale de Laon, côté gauche.

Ces parties détachées nous paraissent présenter tous les caractères du style roman pur. Il semble que ce sont les débris d'un ancien édifice que l'on a utilisés lors de la construction du vaisseau actuel, et cette conjecture est fortifiée par cette remarque, que les nervures qui reposent dessus, y portent entièrement à faux.

Dans le plan primitif de l'église il ne devait y avoir que cinq chapelles : celle actuelle des fonts et les quatre placées sur le côté oriental des transseps; peut-être faut-il y ajouter celle du fond de l'église, à droite. Les autres, au nombre de vingt-cinq, ont été construites après coup, dans l'intervalle laissé libre par l'espacement des contreforts de l'église. Ces dernières, toutes semblables entre elles, sont voûtées en ogives. Les nervures de ces voûtes, réunies au centre par une clef fleuronnée, retombent aux quatre angles sur d'élégantes colonnettes. Leurs fenêtres, grandes, ogivales, quelquefois simples, se divisent le plus souvent en deux trilobées surmontées d'un fleuron ou d'un quatre-feuille. Au-dessous, dans l'épaisseur du mur extérieur, sont toujours ménagées deux arcatures également trilobées, et dont les angles sont souvent ornés de sculptures; nous en parlerons plus loin.

La chapelle des fonts, qui est la première à droite en entrant, forme à elle seule comme une petite église séparée et indépendante du reste de l'édifice. Cependant elle est construite dans le même style et paraît bien avoir été élevée en même temps que lui. Elle se compose d'une large nef divisée par des colonnes, et d'un sanctuaire beaucoup plus étroit. L'usage de cette chapelle, autrefois placée sous l'invocation de sainte Catherine et de Saint-Jacques-le-Majeur, nous est tout-à-fait inconnu : les fonts n'y ont été placés que depuis la révolution. Peut-être avait-elle été construite pour servir de paroisse, après l'incendie de l'église de Saint-Remi-Porte : il est du moins certain qu'avant la révolution, elle était affectée à la cure de cette dernière église.

Les deux chapelles placées dans les angles formés par le croisement des transseps avec le chœur, sont également vastes et de forme carrée, avec une haute colonne dans le milieu. L'une, celle de droite, semble avoir toujours servi de sacristie; l'autre, à gauche, est celle de la Madeleine dans laquelle les chapelains de la cathédrale tenaient autrefois leurs assemblées.

Les deux chapelles des extrémités des transseps, sont les plus remarquables. Contrairement à tout ce qui se voit dans le reste de l'église, elles se terminent en demi cercle; celui-ci est divisé en sept pans par de hautes colonnettes rattachées au mur au moyen d'un anneau, et qui s'élèvent jusqu'à la voûte dont elles supportent les nervures. Chaque pan est occupé, dans le bas, par une arcature soutenue par des colonnettes, et, dans le haut, par une fenêtre ogivale. Les nervures de la voûte sont toutes réunies au centre par une clef fleuronnée.

Au-dessus de ces chapelles, à la hauteur du triforium, existent deux autres chapelles correspondantes, mais beaucoup plus élégantes encore. Les cinq pans sont formés par autant de hautes arcades supportées par des colonnes géminées, dont la disposition est du plus brillant effet. Les bandeaux des voûtes sont découpés au centre en une guirlande de quatre-feuilles du plus joli travail. Celle de ces chapelles placée auprès de la sacristie, servait autrefois de trésor. C'est pourquoi elle est divisée en deux, dans sa hauteur, par un plancher qui la défigure. On pénètre dans le second étage formé par ce plancher au moyen d'une ouverture garnie de deux portes, dont l'une est entièrement bardée de fer selon le goût du temps. La serrure et la clef en sont d'un travail extrêmement curieux.

La dernière chapelle de droite au fond du chœur, plus vaste que celles qui l'entourent, est en outre accompagnée d'une seconde place qui, dans l'origine, en faisait sans doute partie. La séparation de ces deux places est formée de deux arcades ogivales, postérieurement bouchées par un mur en

Devanture de Chapelle à la Cathédrale.

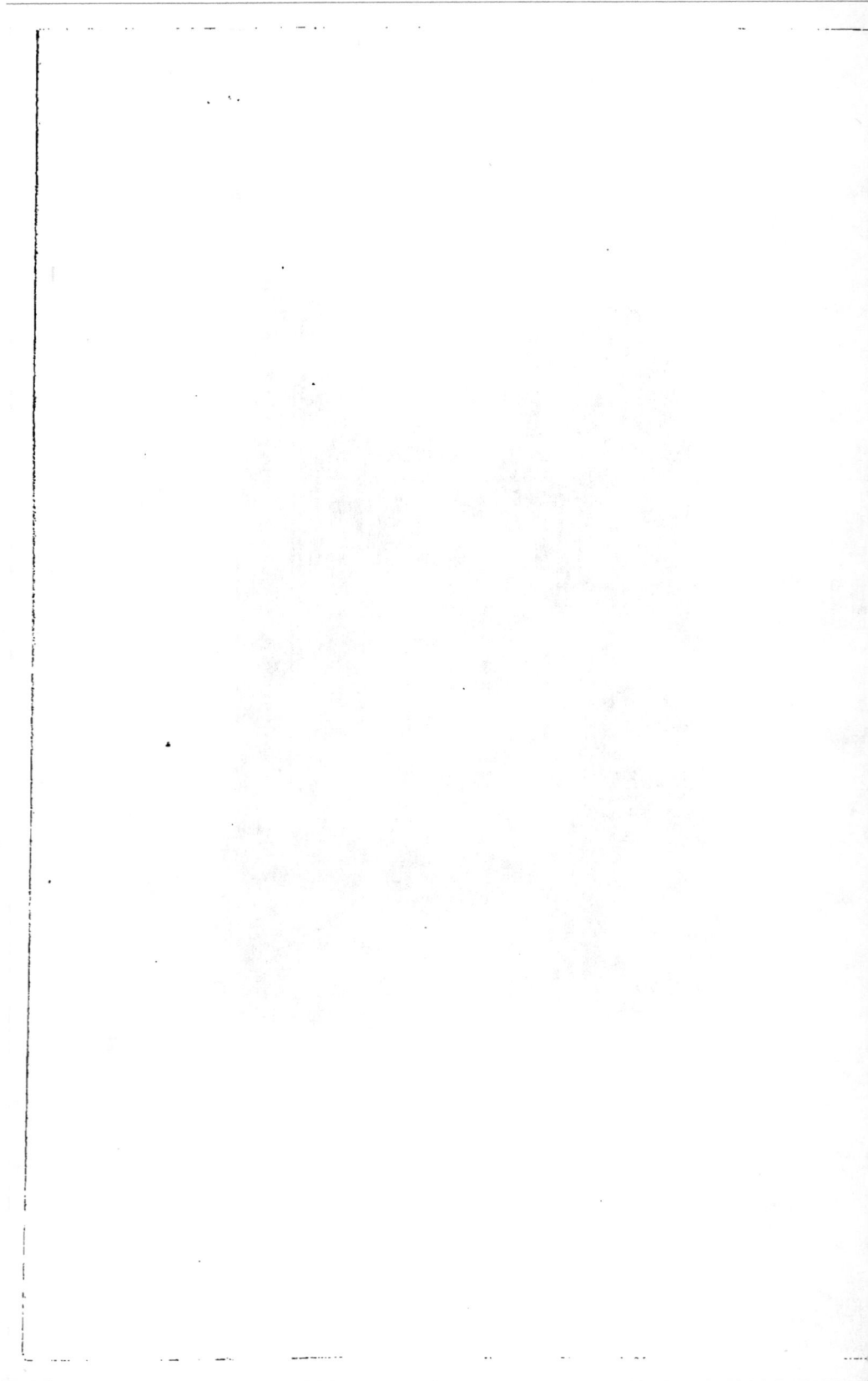

maçonnerie, et supportées par une colonne géminée, dont nous devons signaler le style tout particulier. Ces colonnes, très-courtes, se composent d'un gros et d'un petit fûts accolés, lesquels reposent sur un boudin très-écrasé et saillant, comme nous en avons déjà signalé. Le socle est entièrement enterré sous le sol de l'église. Le chapiteau, très-court, est orné de feuilles larges et épaisses, dressées sur leur pétiole; le tailloir, lourd et très-épais, supporte immédiatement le socle d'un pilastre saillant et à cinq pans, flanqué d'une colonnette engagée à base octogone. Le tout est d'un style très-différent de celui qui règne dans les autres parties de cet édifice, à l'exception toutefois de celles que nous avons précédemment signalées.

Sous la tour du portail du nord existe une chambre carrée, espèce de prison éclairée par deux petites fenêtres très-élevées au-dessus du pavé. Autrefois, les démoniaques, les fous et les frénétiques étaient rangés sur la même ligne, et le clergé cherchait à obtenir leur guérison par des remèdes spirituels. A cet effet, on les renfermait dans une place réservée dans l'intérieur même des églises. Il est certain que la cathédrale de Laon en avait une affectée à cette destination. Une lucarne ouverte dans l'épaisseur des murs, permettait aux malheureux qu'on y renfermait, d'apercevoir une chapelle au fond de laquelle était un crucifix que l'on nommait le *beau Dieu*. La chambre en question était sans doute celle destinée à cet usage: deux lucarnes pratiquées dans le mur qui fait face à la chapelle actuelle de la Vierge, permettaient d'apercevoir, de l'intérieur, cette chapelle et le crucifix qui la décorait.

Les chapelles sont toutes fermées de hautes balustrades en pierres d'un goût très-pur, et dont les détails diffèrent à chacune. Ces balustrades sont ordinairement composées d'un portique formé de trois panneaux flanqués de quatre colonnettes en saillie et surmontés d'une corniche. Le panneau du milieu est toujours occupé par une porte, tantôt à plein cintre, tantôt carrée. Chaque panneau latéral se divise en deux parties : l'inférieure est pleine ; la supérieure, à jour, est décorée de colonnettes et des ornements les plus variés, d'une grande finesse d'exécution. Ce sont des têtes d'enfant, des fruits, des feuillages, etc. Sur l'une d'elles, on voit un long obélisque autour duquel court une guirlande de feuilles; au-dessus du cintre de la porte d'une autre, on lit plusieurs devises, comme celle-ci : *labor omnia vincit*, etc. Les ornements de la balustrade de la sixième chapelle de gauche, portent des traces bien visibles d'anciennes couleurs et de dorures.

La plus remarquable de ces balustrades est celle de la dernière chapelle de droite, au fond du chœur. Elle se compose seulement de deux compartiments, dont l'un est occupé par une porte cintrée. Trois grosses colonnettes cannelées, appliquées sur des pilastres, les décorent, et ils sont couronnés d'une large corniche. Au-dessus règne une petite balustrade supportée par des piliers carrés et cannelés, et dont les arcades à plein cintre sont ornées de groupes d'enfants d'une finesse et d'une délicatesse de travail merveilleuses. La partie à jour du panneau est remplie par trois colonnettes lisses et ventrues; la partie pleine, les faces des pieds droits, etc., sont couverts de bas reliefs tous empruntés à la mythologie, d'une pureté de dessin et d'un fini d'exécution extrêmement remarquables. Cette devanture est en pierre crayeuse; celles des autres chapelles, en pierre de Colligis, dont le grain est moins fin. Ces dernières balustrades étaient autrefois couronnées par des frontons, des écussons et des statuettes, qui sont tombés comme bien d'autres choses aussi inoffensives sous le marteau révolutionnaire.

Le chœur était anciennement fermé par un jubé contre lequel étaient appuyés deux autels, à droite celui de la Vierge, à gauche celui de Sainte-Catherine. Les amis de l'art doivent peu regretter ce jubé, d'un assez mauvais goût, et dans le style du 17me siècle.

Devanture de Chapelle dans la Cathédrale.

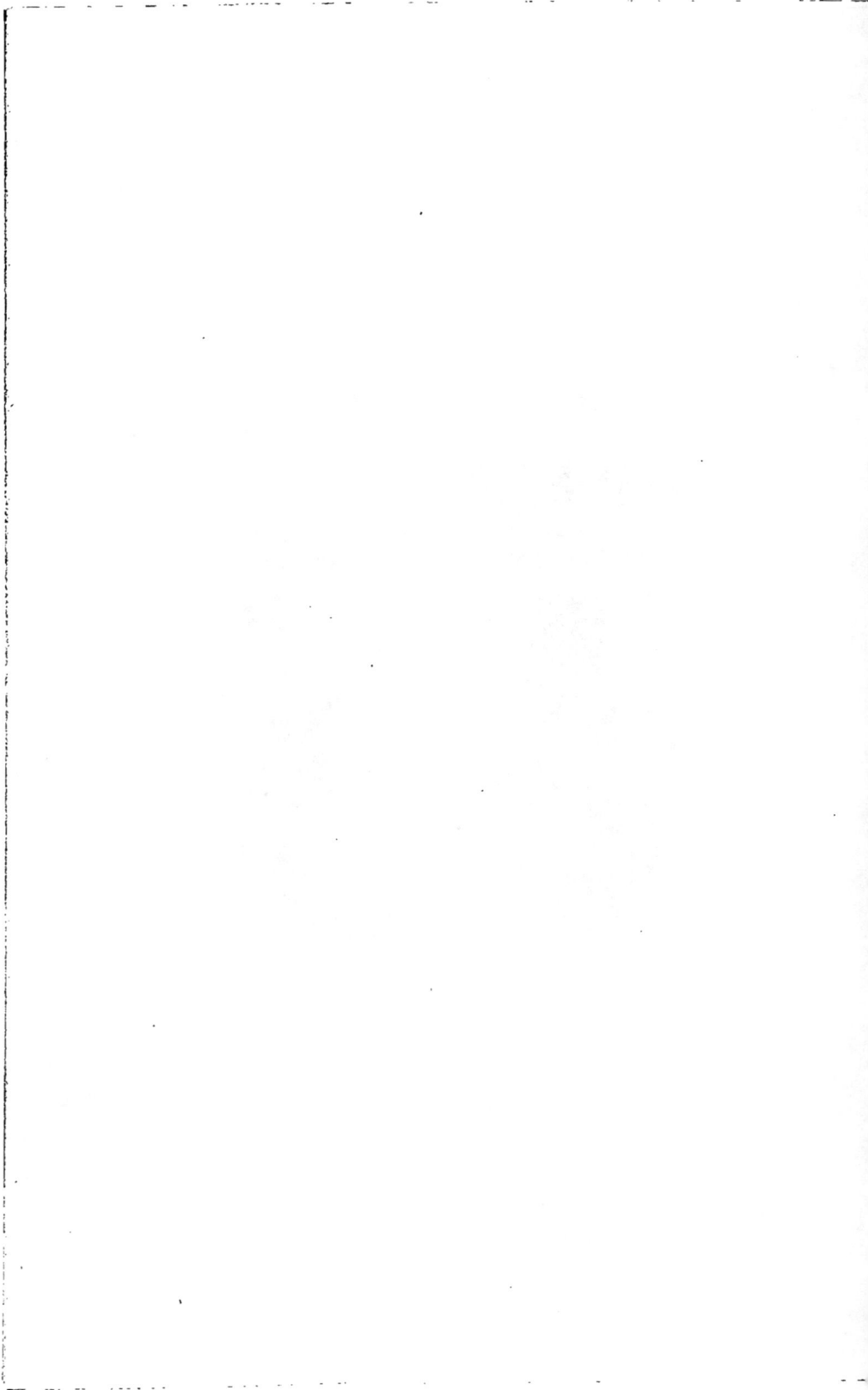

A l'instar des plus anciennes basiliques, la cathédrale de
Laon présente en général peu d'ornementation dans son ensemble. Cependant, il y a des exceptions à cette règle, et
nous en avons déjà fait connaître un exemple dans la décoration des fenêtres latérales du grand portail. Nous allons maintenant nous occuper d'autres détails de ce genre, qui méritent
également notre intérêt.

En général, dans toute la nef, l'ornementation du chapiteau des colonnes et des colonnettes, est des plus simples, et
se réduit, comme nous l'avons dit, à deux ou trois rangs de
larges feuilles peu détachées et à peine recourbées en crosse.
Mais dans les transseps et le pourtour du chœur, c'est très-
différent : non seulement les ornements des chapiteaux des
grosses colonnes sont mieux sentis et plus en relief, mais ceux
des colonnettes, presque sans exception, sont d'un dessin plus
correct et d'un travail plus délicat. Ils se composent de feuilles
découpées, comme celles du chardon ou de l'artichaux, d'entrelacs et de personnages profondément fouillés et détachés,
de telle sorte que souvent ils paraissent à peine tenir à la
pierre. Les plus remarquables sont ceux des chapiteaux du
pilier intérieur qui porte le pied de tour du portail du nord.
Ils se composent d'entrelacs à jour d'une finesse extrême, sur
lesquels sont comme assis des personnages nus, les uns barbus,
les autres imberbes. Au-dessus de ces chapiteaux, à la hauteur du triforium, s'en rencontrent d'autres ornés de branches
entrelacées de mille manières; et plus loin, au-dessus du
chœur, un autre chapiteau est encore formé de personnages
dans des postures contorsionnées. Enfin, les chapiteaux de
l'autre pilier de ce même transseps gauche, sont ornés de
larges feuilles de nénuphar tellement détachées et en relief,
qu'il semble qu'on va les cueillir avec la main.

Indépendamment de cette ornementation, on voit encore
dans la cathédrale, des sculptures sur lesquelles nous devons
aussi nous arrêter un moment.

Le bas des trois fenêtres du chevet était autrefois occupé par des autels; il l'est aujourd'hui par une boiserie qui en dépare l'ensemble. Derrière cette boiserie, à droite, on voit, contre le mur, une sculpture de petite dimension, mais d'une conservation parfaite. C'est le Christ sur la croix, avec les deux Marie à ses côtés. Les têtes en sont d'une belle expression; les couleurs et les dorures appliquées sur les vêtements des personnages, ont conservé leur éclat primitif.

Dans une chapelle de la nef, sont étendues deux statues colossales de saints d'un excellent style, quoique raides; ils sont, l'un et l'autre, adossés à une colonnette, vêtus d'une longue robe, et tiennent à la main une espèce de rouleau déployé. Ces statues proviennent évidemment du grand portail où elles surmontaient les socles dont nous avons parlé; il conviendrait de les y replacer.

D'autres sculptures, d'une époque plus moderne, se remarquent également dans plusieurs chapelles. A la cinquième du côté droit de la nef autrefois sous le vocable de saint Jean-Baptiste, et dans les angles formés par les arcatures pratiquées sous la croisée, des sculptures représentent la décollation du Précurseur. D'un côté, il est décapité par un homme vêtu d'une cotte de mailles; au milieu, un personnage couvert d'une robe à manches flottantes, relève le cadavre dont la tête vient de rouler à ses pieds, tandis qu'Hérodiade, la couronne sur la tête et assise sur un trône, contemple cette scène. A l'autre angle une femme est agenouillée devant un moine qui tient une équerre à la main.

La plus remarquable de ces sculptures est placée dans la septième chapelle de ce coté. Sous une arcade ogivale on voit un tableau divisé en deux compartiments. En haut, Jésus-Christ, auquel il ne reste que le torse et les cuisses, est attaché à une croix qui semble comme implantée sur un personnage renversé, à figure décharnée, la mort sans doute, et

qui tient à la main une espèce de calice. Deux autres personnages drapés sont debout aux côtés de la croix. La seconde
scène se compose d'un personnage également debout, tenant
un objet semblable à un livre; deux autres personnages sont
agenouillés à ses côtés, et semblent l'implorer les mains jointes.
Tous ces personnages, à qui la tête manque, sont d'un assez
bon style, comme celui de la sculpture placée sous la fenêtre
du chevet. Leurs vêtements conservent encore des traces de
couleurs vives.

Extérieurement, et le long de l'entablement de l'édifice,
une statue est placée au-dessus de chacun des arcs-boutants.
Ces statues, de grandeur naturelle, sont dans le même style
que les sculptures des fenêtres latérales du grand portail. Elles
représentent des personnages dans les postures les plus bizarres.

On trouve encore à la cathédrale de Laon, comme du reste
dans beaucoup d'autres monuments religieux, des sculptures
qu'on serait loin de s'attendre à y rencontrer. Elles représentent des personnages dans les postures les plus indécentes :
tels sont ceux d'une gargouille placée au-dessus de la cour de
l'évêché, ceux qu'on voit en haut de la tour Saint-Paul, etc.

Des anciens vitraux de couleur qui décoraient autrefois
toutes les fenêtres de cet édifice, il ne reste plus que ceux du
chevet et de la rose du portail latéral du nord. La rose du
chevet comprend un large médaillon central, entouré de deux
cercles concentriques composés, le premier de douze médaillons isolés, le second de vingt-quatre médaillons accouplés
deux par deux. Dans le médaillon central, la Vierge, vêtue
d'une robe verte et d'une tunique rouge, et tenant dans ses
bras l'enfant Jésus, est accompagnée à droite de saint Jean,
à gauche d'Isaïe. Au-dessus d'elle planent deux anges adora-
teurs. Les médaillons du premier cercle renferment les douze
Apôtres, tous assis sur un arc-en-ciel, unicolor ou bicolor,
et chacun avec son nom écrit en grandes lettres gothiques.

Barthélemi, immédiatement placé sous la Vierge, semble avoir été mis avec intention dans cette place centrale et honorable. Enfin, dans les vingt-quatre médaillons du cercle extérieur, sont rangés les vingt-quatre vieillards de l'apocalypse, tenant d'une main un instrument de musique, pour signifier la béatitude éternelle des élus, et de l'autre une longue fiole ou philactère. Cette scène est celle de l'apocalypse, chap. 4, verset 2.

Les vitraux de la fenêtre du milieu sont composés de quatre grands médaillons, séparés par cinq médaillons plus petits. Ceux des deux fenêtres latérales se composent chacun de vingt-deux médaillons accouplés. Le tout est entouré d'un encadrement qui fait le tour des fenêtres. Dans celle de droite, ces médaillons représentent la première époque de la vie de la Vierge; dans celle du milieu, ses douleurs pendant la passion; dans celle de gauche, ses miracles après sa mort. C'est là qu'est reproduite cette légende de Théophile, si populaire aux 13me et 14me siècles, qu'elle a été également représentée sur verre au Mans, à Troyes, à Tours et à Metz; sculptée deux fois à Paris; mise en prose dans la *légende dorée* et en vers dans Rutebœuf et dans Gauthier de Coincy, moine-poëte de notre pays, qui vivait à cette époque.

Les sujets de tous ces vitraux sont de petite dimension, et le dessin en est assez incorrect; mais les teintes en sont admirables et de l'effet le plus riche. On peut certainement ranger cette verrière parmi les plus belles de France.

Les vitraux de la rose du portail nord, sont moins beaux que ceux de l'abside et d'ailleurs un peu mutilés. Ils paraissent représenter les arts libéraux, sujet déjà sculpté à la fenêtre gauche du grand portail, comme nous l'avons vu.

Le sol de l'église est jonché de pierres tumulaires, pour la plupart remarquables par la richesse des costumes des personnages qui y sont figurés, et par leurs décorations architecturales. Presques toutes recouvrent des ecclésiastiques, évêques ou

Chaire de la Cathédrale.

chanoines, et celles de laïcs y sont à peine au nombre de trois ou de quatre. La plus ancienne se trouve dans la chapelle des fonts ; aucun personnage n'y est représenté : elle porte seule-le nom du chanoine qu'elle recouvre, et la date de 1261, année de sa mort. Les deux pierres les plus remarquables sous le rapport des ornements qui les décorent et leur belle conservation, sont, celle placée dans la dernière chapelle de droite, et celle que l'on voit près de la chapelle de la Vierge. Plusieurs étaient autrefois décorées d'ornements en bronze et de lames de cuivre qui ont disparu. On en voit quelques autres qui sont recouvertes d'une épaisse couche de poix.

L'ancienne chaire de la cathédrale n'existe plus. Il y a à peine un siècle que l'on y voyait aussi celle dans laquelle le docteur Anselme avait enseigné ; elle a disparu comme la première.

La chaire actuelle provient de l'ancienne abbaye du Val-St-Pierre. Elle est en bois et de forme pentagone. Chaque pan se recourbe en-dessous de manière à donner à cette chaire la forme d'un bénitier. Chacun des panneaux est orné dans le bas de palmes, de branches de chêne, et de livres ouverts, avec des têtes d'anges sculptées sur les angles ; le tout est couronné d'une corniche. Au-dessus, trois des cinq panneaux sont ornés de personnages tenant à la main des livres ouverts, et dans l'attitude de la méditation : ce sont les moines Denis, Lansperge et Surius. Les pilastres qui séparent ces panneaux sont couverts d'écussons, de grappes de raisins, de livres, etc. Le tout est surmonté d'une seconde corniche, avec denticules.

Le dais de cette chaire est orné de franges en bois ; le ciel en est découpé en réseaux, et sur lui s'élève un magnifique vase plein de fleurs. Tout ce travail est d'un excellent style, d'une grande richesse de dessin, et d'une extrême finesse d'exécution. Cette chaire est de 1681.

Le buffet d'orgues est fort beau et doit remonter à peu près à la même époque que la chaire. Il est formé de deux étages, soutenus par des cariatides.

Cet orgue qui se compose de 50 jeux, passe pour l'un des plus complets et des plus puissants parmi les anciens orgues de France. Son état de délabrement ne permet pas de juger aujourd'hui de ses ressources. Il est fâcheux que l'on n'ait pas préféré consacrer à son rétablissement, les fonds d'une souscription recueillis, dans ces dernières années, pour acheter un orgue de chœur. La somme nécessaire à ces réparations, est estimée à 20,000 francs.

La sonnerie de la cathédrale de Laon était autrefois peut-être la plus considérable de France. Il en est question dès le 12ᵐᵉ siècle ; au siècle suivant on y comptait huit cloches, dont cinq petites, dite *l'ordinaire*, étaient placées au-dessus du trésor, dans la flèche en bois du portail latéral sud, et trois grosses dans le beffroi du grand portail. L'histoire nous a conservé le nom de cinq d'entre elles : c'étaient Marie, Bridine, Capelaine, Manière et Anieuse. En 1268, l'évêque Guillaume en ajouta une neuvième qu'il fit fondre à ses frais. Elle était la plus grosse de toutes ; et pesait dix-huit milliers : elle lui coûta 1050 livres. On la nommait *Guillemette*. Elle ne devait être sonnée que dans les grandes occasions, comme à l'entrée à Laon du pape, du roi, d'un archevêque ou d'un évêque de cette ville.

Cette prescription a donné lieu à la tradition populaire suivante. Au 10ᵗʰᵉ siècle, selon les uns, les habitants de Laon, indignés de la trahison d'Adalberon, qui venait de livrer leur ville avec le dernier rejeton de Charlemagne, au duc de France, Hugues Capet, exigèrent qu'à l'avenir, et pour prévenir le retour d'un pareil malheur, ils fussent avertis, par le son d'une cloche, du moment où leur évêque mettrait les pieds dans la ville. Selon les autres, cet usage aurait pris naissance au milieu du 14ᵐᵉ siècle, à l'occasion d'un autre évêque, Robert le Coq, qui voulut livrer Laon aux Anglais. Cette tradition est fausse dans l'un comme dans l'autre cas; elle témoigne seulement de l'horreur qu'inspire encore la trahison de ces prélats.

Au moment de la révolution, la sonnerie de la cathédrale se composait de dix-sept cloches qui ont toutes été brisées en 1793, à l'exception d'une seule. C'est la plus grosse d'aujourd'hui; elle était la troisième d'alors. Elle a été fondue en 1740, et pèse environ dix milliers. Sa hauteur est de 1 mètre 75 cent. et sa circonférence de 5 mètres 15 cent. (15 pieds et demi). Quatre autres cloches l'accompagnent : elles pèsent 6, 4, 5 et 2 milliers environ.

Telle qu'elle se compose, la sonnerie de la cathédrale de Laon est encore l'une des plus belles et des plus harmonieuses de France.

Des nombreuses reliques de la cathédrale, il ne reste plus aujourd'hui que le corps, entier dit-on, de Saint-Béat, et l'image connue sous le nom de *Véronique* ou *Sainte-Face*. Cette dernière étant la seule qui nous intéresse sous le rapport de l'art, nous ne nous occuperons ici que d'elle.

Jacques Pantaléon de Courtpalais ou de Troyes, d'abord chanoine de Laon, au milieu du 15me siècle, devint ensuite chapelain du pape Innocent IV, avant de parvenir lui-même au souverain pontificat. Ce prélat avait une sœur dans l'abbaye de Montreuil-en-Thiérache; cette sœur et ses pieuses compagnes, avides de connaître les traits de Jésus-Christ, leur divin époux, le prièrent instamment de leur en faire copier une image sur celle que possédait alors le Vatican. Jacques Pantaléon s'empressa de se rendre au désir de ces saintes filles, et chargea un peintre de ce travail. Celui-ci apporte ses couleurs et ses pinceaux, et se prépare à remplir la commission dont il est chargé; mais, au moment où il va commencer, il est tout à coup frappé d'un étourdissement subit, et il tombe à la renverse. Quand, revenu à lui, il voulut reprendre son travail, il s'aperçut que, pendant son évanouissement, une main invisible avait fait son ouvrage.

Jacques Pantaléon s'empressa d'envoyer l'image miraculeuse aux religieuses de Montreuil, avec la lettre suivante. « Aux » vénérables, pieuses et chères Sœurs en Dieu, les Abbesse » et Religieuses de Montreuil, Jacques de Troyes, Archidiacre » de Laon, chapelain de notre St-Père le Pape, salut, per- » fection et illumination. Nous avons appris par le rapport de » notre chère Sœur, que vous désiriez voir et posséder la face » et figure de notre Sauveur, tel qu'il était sur la terre, quand » il habitait au milieu des hommes, lui le plus beau des hommes, » et vous purifier par sa contemplation. Nous, qui désirons » vous procurer tout ce qui peut vous faire acquérir la grâce » de Dieu en ce monde et l'éternelle gloire en l'autre; vou- » lant aussi satisfaire autant que possible le désir de notre » chère Sœur, nous vous envoyons la sainte Figure que vous » nous demandez. Ne vous étonnez pas de la voir jaune et » décolorée; car, de même que ceux qui demeurent dans un » air tempéré et des lieux agréables, ont la chair blanche et » délicate, tandis que ceux qui restent toujours au milieu des » champs, ont le teint noir et brulé; de même cette bienheu- » reuse Figure fut décolorée par le feu des tribulations, comme » il est dit dans les cantiques, lorsque Notre Seigneur travail- » lait dans ce monde à la rédemption des hommes. Recevez » donc ce portrait comme une sainte Véronique ou vraie et » fidèle image des traits de notre Sauveur; gardez-le dévote- » ment et avec honneur; sanctifiez-vous à sa contemplation, » et souvenez-vous de nous dans vos saintes prières et vos » méditations. Donné à Rome, le 5 de juillet 1249. »

Quand leur curiosité eut été satisfaite, les religieuses de Montreuil, oubliant bien vite les recommandations du Chape- lain du Pape et la miraculeuse image qui en était l'objet, re-

léguèrent celle-ci dans le fond d'une armoire de leur maison.
Elle y était oubliée depuis plus de douze ans, lorsqu'en 1262,
l'abbé de Dunes, près de Furnes, dans le désir de donner
plus d'éclat à la dédicace de son église nouvellement reconstruite, demanda aux Religieuses de Montreuil de lui confier la
Sainte-Face pour l'exposer aux yeux des fidèles. Sa demande
lui ayant été accordée, il l'apporta dans son église la veille de
la cérémonie. Elle parut aussitôt, dit-on, environnée d'une si
grande lumière, que, pendant toute la nuit suivante, le pays
en fut entièrement illuminé. Le lendemain une foule innombrable accourut aux Dunes, et plusieurs malades et infirmes
furent guéris à la vue de l'image miraculeuse. Dès-lors, sa
renommée devint immense, et un grand nombre de pélerins
se présenta chaque jour pour la visiter dans l'église de Montreuil, où elle avait été rapportée et placée avec honneur.

Lorsque les Religieuses vinrent s'établir au pied de la mon
tagne de Laon, elles apportèrent avec elles la précieuse reli-
que, qui continua d'attirer une foule de pélerins. A la révolution française, elle fut sauvée de la proscription générale qui
frappa tous les objets de ce genre. Donnée ensuite à la cathédrale, elle y est encore aujourd'hui exposée : cette fragile re-
lique a donc maintenant près de 600 ans d'existence.

Le dessin en est très-correct et très-remarquable pour l'é-
poque où il a été fait. Il représente une tête d'homme, au
teint bruni, aux cheveux longs et pendants de chaque côté, à
la barbe peu épaisse et de moyenne longueur; les yeux sont
tournés de côté. Tout l'ensemble est d'une assez belle expression, et annonce un artiste plus habile et un art plus avancé
qu'on ne voudrait le croire. Cette tête est peinte sur une
étoffe qui ressemble à de la soie fine; elle est entourée d'un
encadrement composé de lignes alternativement noires et rouges.
Quelques autres ornements d'une aussi grande simplicité, sont
appliqués sur plusieurs parties de l'étoffe, mais ils se trouvent

cachés par une pièce de mousseline blanche récemment placée autour de la tête, pour la faire mieux ressortir.

Quatre mots sont inscrits au bas de la figure, en caractères étrangers, et en une langue qui est long-temps demeurée inconnue. Au commencement du 18me siècle, cette inscription fut le sujet d'une longue et vive dispute entre les savants qui voulaient y voir, les uns des caractères Grecs, les autres des caractères Slavons. Cette dernière interprétation fut confirmée, lorsque le tzar Pierre vint en France, par le prince Kourakin et d'autres Russes de sa suite qui déclarèrent y lire les mots *Obras gospoden naoubrouse,* ce qui veut dire : l'image du Sauveur sur un linge. Il reste à savoir comment et pourquoi cette figure, peinte à Rome, porte une inscription en caractères Slavons. Au reste, les mêmes Russes qui en ont donné l'explication, assurèrent qu'il existait plusieurs figures semblables dans leur pays.

Indépendamment de cette image, on voyait encore anciennement dans la cathédrale, un portrait de Saint-Remi, peint sur l'une de ses murailles. Il était en effet d'usage, autrefois, dans l'église latine, de placer dans toutes les basiliques, l'image de ce saint Archevêque, que l'on regardait comme ayant le plus puissamment contribué à l'établissement de la religion chrétienne dans nos contrées. Il figurait encore dans l'église de Laon à un autre titre, c'est-à-dire comme père et fondateur de cette église. On l'y voyait représenté vêtu d'une aube recouverte d'une chasuble, avec un pallium dont les nœuds dépassaient l'extrémité des vêtements. Il tenait dans la main gauche le livre des évangiles, et de la droite il faisait le geste de la bénédiction.

Après avoir fait connaître, d'une manière générale, ce qu'est cette belle cathédrale de Laon, si longtemps ignorée, encore aujourd'hui si oubliée, nous devons chercher à percer le mystère qui dérobe aux investigations modernes, l'époque de sa construction. Quel siècle a élevé cette basilique, aux proportions si grandes et si harmonieuses? Est-ce le 10me, le 12me ou le 13me? Telle est la question qu'il convient d'examiner et de résoudre.

Avant ces derniers temps, aucun doute ne s'était élevé à cet égard : les historiens, les chroniqueurs, étaient tous d'accord : on devait la cathédrale de Laon à Barthélemi, qui a occupé le siège épiscopal de cette ville, de 1112 à 1150; mais, depuis, on a nié que cet édifice fût du 12me siècle. Les uns, appuyant leur opinion sur les textes seuls, prétendent qu'il est antérieur à ce siècle, et qu'il doit remonter au 10me, époque où la ville de Laon, comme capitale du royaume, était le séjour habituel des rois de France, et où son siège se trouvait occupé par un prélat aussi riche que puissant. Le vaisseau actuel de cette église serait donc le vaisseau primitif; Barthélemi l'aurait seulement restauré après l'incendie de 1112.

Selon les autres, qui ne veulent consulter que le style architectural de l'église, elle aurait été construite au plus tôt, soit à la fin du 12me, soit au commencement du 13me siècle.

Quant à nous, nous pensons que pour arriver à une solution quelque peu sûre de la question, il convient de ne s'appuyer exclusivement ni sur le style douteux du monument, ni sur les anciens textes toujours obscurs qui en font mention. Il faut plutôt chercher à coordonner les uns et les autres, et tâcher de tirer d'une manière indirecte des preuves qu'on ne peut espérer obtenir autrement. C'est ainsi que nous procéderons.

Il nous paraît impossible d'admettre que la construction de la cathédrale de Laon remonte au 10me ou au 11me siècle : rien, dans l'ensemble de son architecture, n'autorise cette supposition, qui n'est pas davantage appuyée par les textes. Dira-t-on que, du temps des derniers Carlovingiens qui faisaient de Laon leur séjour ordinaire, le siège épiscopal de cette ville était occupé par Adalbéron, prélat riche et puissant, par qui cette construction pourrait avoir été faite? Mais l'histoire n'en dit pas un mot, et cependant elle nous a conservé le souvenir des biens immenses dont il a doté son église, des ornements magnifiques dont il s'est plu à la décorer.

On sait par Raoul Glaber (liv. 5, chap. 4, p. 29) que le commencement du 11me siècle fut signalé par un redoublement de ferveur religieuse, et que l'on se mit partout en France, tant à relever et réparer les anciennes églises, qu'à en construire de nouvelles. Cependant, les écrivains, au milieu des détails qu'ils nous ont laissés sur les successeurs d'Adalbéron, ne nous apprennent point qu'ils aient plus que lui concouru à la construction de la cathédrale de Laon. Leutéric, qui monta sur le siège de cette ville en 1050, était riche, et augmenta d'un tiers le revenu des prébendes de son église; mais il ne put en être le fondateur, puisqu'il la gouverna seulement un an. Elinand, son successeur, chercha à s'attacher son clergé en décorant magnifiquement les églises, en faisant faire pour elles des reliquaires précieux, en leur donnant des vases et des pierreries d'un grand prix, en faisant, disent les historiens, construire de nouveaux bâtiments, sans doute pour le chapitre et dans l'intérieur du palais épiscopal; mais d'une construction totale ou partielle de la cathédrale, pas un mot.

Elinand mourut en 1099. Nous voici donc arrivés au 12me siècle, et nous avons parcouru une période de 125 années environ, sans rencontrer aucune mention relative à la cathédrale. Silence bien étrange, si l'on considère surtout que l'histoire a conservé le détail de toutes les richesses dont cette église a été comblée par les prélats qui l'ont successivement gouvernée pendant ce long espace de temps.

Même silence pour la fin du 12me et le commencement du 13me siècle. Le constructeur de la cathédrale de Laon ne saurait être Gautier de Saint-Maurice, successeur de Barthélemi, car il ne gouverna le diocèse que pendant trois ans, de 1150 à 1153. Après lui, Gautier de Mortagne, plus occupé de ses démêlés avec Barthélemi, l'ancien évêque, et avec l'abbaye de

Prémontré, mourut loin de son diocèse. A peine élu, son successeur, Roger de Rozoy, fut obligé de s'enfuir pour éviter le ressentiment du roi, et demeura plusieurs années en exil.

Renaud Surdelle ne fut évêque que trois ans; Robert de Châtillon, pendant quatre années d'épiscopat, fit rebâtir le château d'Anizy et fortifier ce bourg; Anselme de Mauny, à son tour, fit reconstruire les châteaux de Presles et de Pouilly; Garnier fit élever la grande salle de l'évêché, qui existe encore; enfin Guillaume de Troyes fit cadeau à la cathédrale d'une énorme cloche.

Nous voici arrivés à 1272 : nous connaissons les travaux des prélats qui ont occupé le siège de Laon pendant cette période de plus de cent années : aucun n'est relatif à la construction ou à la reconstruction de la cathédrale. Bien plus, ceux de ces ouvrages qui existent encore, comme les châteaux de Presles et d'Anizy, sont d'un style bien différent de celui qui règne dans l'ensemble comme dans toutes les parties de la cathédrale de Laon, et d'une époque évidemment postérieure ; il nous faut donc revenir au 12me siècle.

Voyons d'abord si, dans les récits des écrivains de ce siècle, nous pourrons reconnaître la cathédrale actuelle : « Les con- » jurés, dit Guibert en racontant les troubles de la commune » de Laon (lib. III cap. 5), vinrent par la crypte qui entoure » le chevet de l'église, jusqu'à l'endroit où priait Gérard. Il » était appuyé contre une certaine colonne *que l'on nomme le* » *pilier,* laquelle se trouve placée au milieu de plusieurs autres » colonnes qui s'étendent depuis le pupitre jusque vers le » milieu du temple. » Ces expressions, quelque vagues qu'elles soient, indiquent, ce nous semble, une disposition intérieure du monument toute différente de ce qui existe aujourd'hui. Plus loin (cap. 12), il ajoute : « Le pilier contre lequel Gérard avait » été tué, se trouvant plus affaibli par l'incendie que le reste, on » construisit à grands frais un arc-boutant entre lui et le mur » extérieur de l'édifice. Mais une nuit, pendant un violent

» orage, il fut frappé d'un coup de foudre si furieux, que cet
» arc-boutant se rompit, et que le mur ayant perdu son
» aplomb, on se vit contraint de l'abattre jusqu'aux fon-
» dements. » Voici des parties refaites à neuf, des raccords
qu'on ne retrouve nulle part dans la cathédrale.

Nous savons, par une foule de documents, qu'avant le 12me
siècle, non seulement les maisons particulières, mais encore
toutes les églises de Laon étaient construites partie en bois,
partie en pierres. Cela est si vrai que, pendant l'incendie de
1112, la ville presque toute entière et ses douze églises furent
consumées par les flammes, dont l'éclat fut tel qu'on ne dis-
tingua pas la nuit d'avec le jour. Herman, en parlant de
l'église de Foigny, bâtie en 1124, a soin de dire qu'elle fut
construite en pierres (*templum lapideum*). L'ancien vaisseau
de l'église St-Vincent, à Laon, élevé au 11me siècle et terminé
en 1072, était en pans de bois, avec planchers au lieu de
voûtes; aussi fut-il incendié par la foudre en 1145, et entièrement détruit.

La première cathédrale de Laon était-elle donc autrement
construite? Non à coup sûr, et ces paroles de Guibert suf-
firaient seules pour le prouver : *inter ipsam parietem medium
qui exustior fuerat...* Pour qu'un mur brûle, il faut nécessai-
rement qu'il entre du bois dans sa construction. Herman dit
aussi : « le palais épiscopal, la cathédrale, le cloître des cha-
» noines, et une grande quantité de maisons furent réduits en
» cendres (*concremantur*). » Ailleurs (cap. 5), il dit encore :
« comme non seulement la grande église de Marie, mais en-
» core environ douze autres églises avaient été brûlées (*fuerant
» combustæ*) avec beaucoup de maisons de clercs et de laïcs,
» etc. » Plusieurs annales, également contemporaines, en
disent autant : la chronique de l'abbaye de Lobbes : *sanctæ
Mariæ templum succenditur;* celles de Saint-Bertin et de Si-
gebert de Gembloux : *domus episcopi et cum eá ecclesia beatæ
Mariæ;* celle de Liège : *ecclesia beatæ Mariæ laudunensis
comburetur*, etc.

Enfin un historien déjà ancien, mais, il est vrai, non contemporain de ces évènements, va plus loin encore : il dit que, quand l'archevêque de Reims vint à Laon pour réconcilier l'église, il rebénit une chapelle qui devait tenir lieu de chœur (1), avec deux ou trois autels restés seuls debout au milieu des ruines de l'édifice, et qu'il fut obligé d'aller faire le sermon dans l'église de Saint-Vincent, parce que la cathédrale était entièrement renversée.

Ainsi donc, le terrible incendie de 1112 ne consuma pas seulement les combles de l'ancienne église, comme on l'a dit tant de fois ; il détruisit l'édifice tout entier. Sans doute des colonnes, des piliers, des pans de mur même, ont pu rester debout ; mais il ne fallut pas moins procéder, non à une restauration partielle, mais à une reconstruction totale, presque depuis les fondements, *velut à fundamentis*, comme dit Herman, témoin oculaire et historien contemporain.

Qui donc a fait cette reconstruction ? Nous connaissons les travaux des évêques qui ont occupé le siège de Laon, de 1150 à 1272 : aucun, nous l'avons vu, n'est relatif à la réédification de la cathédrale. Mais le style du monument, dit-on, indique la fin du 12me ou le commencement du 13me siècle : nous répondons non ; car il est impossible d'admettre que les prélats, qui faisaient élever les châteaux d'Anizy et de Presles, et la grande salle de l'évêché, dans le style ogival pur, aient en même temps fait construire la cathédrale dans le style du plein cintre et de l'ogive de transition.

En revanche. les anciens historiens, les chroniques, les traditions populaires, tous font honneur de cette reconstruction à Barthélemi. Si cet accord ne prouve pas le fait d'une manière absolue, au moins est-il très-remarquable par son unanimité, et doit-il être examiné avec une grande attention.

Après la mort de l'évêque Gaudri, et l'incendie des églises

(1) Cette chapelle ne serait-elle pas celle de l'extrémité de l'église à droite, dont nous avons parlé ?

de la cité (v. *Histoire de Laon*, liv. IX, ch. IV), Hugues, doyen
d'Orléans, fut nommé par le roi à l'évêché de Laon. Ce prél t
trouva son palais épiscopal tellement endommagé par les
flammes, qu'il se vit obligé d'y faire immédiatement travailler,
afin de s'y pouvoir loger; mais il avait à peine commencé que
la mort le surprit. Quand donc Barthélemi de Vir, nommé à
sa place en 1112, entra dans sa ville épiscopale, il lui sembla,
dit Herman, qu'il entrait dans un désert, et rien ne peut
peindre la douleur qu'il éprouva, en voyant que non seulement
la grande église de Marie et son propre palais étaient réduits
en cendres, mais encore que tout, autour de lui, n'était que
ruines; il se mit aussitôt à l'œuvre et il commença à reconstruire depuis les fondements, et son palais et son église : *ec-*
clesiam simul et domos episcopales cepit renovare, et velut à
fundamentis reparare (Herman, liv. I, ch. II). A coup sûr, dans
cette phrase, *reparare* n'a pas le sens restreint de restaurer
partiellement : *reparare velut à fundamentis*, c'est reconstruire depuis les fondations, en conservant et faisant servir
quelques parties restées debout, et qui peuvent être utilisées
dans la construction nouvelle.

Cette tâche n'était point au-dessus des forces ni du courage
d'un prélat comme Barthélemi, dont le long épiscopat de 58
années fut rempli par de grands et remarquables travaux. Sans
rappeler qu'il fonda dans son diocèse neuf abbayes nouvelles,
dont une chef-d'ordre, qu'il en réforma plusieurs autres, qu'il
appela les religieux du Temple et ceux de Saint-Jean-de-Jéru-
salem, il construisit encore, et sur ses propres plans, dit l'histoire, un autre monument presqu'aussi vaste que la cathédrale
de Laon. Cet édifice, c'était l'église de Foigny, abbaye dans
laquelle il se retira, et pour laquelle il éprouvait une tendre
affection, non seulement parce qu'il en était le fondateur, mais
aussi parce qu'il y rencontrait souvent saint Bernard, qui l'ho-
norait d'une estime particulière. Cette église de Foigny, commencée en 1121, et dédiée à la Vierge comme celle de Laon,

Saint-Martin.

avait 400 pieds de long, sur 80 de large. Ses voûtes étaient
portées par 44 piliers, et 18 chapelles décoraient ses bas-
côtés.

C'est donc à Barthélemi, à ce prélat-architecte, que les
historiens, les chroniques, les traditions font honneur de la
construction de l'église de Laon. Dans sa justification même,
Barthélemi, sans le dire expressément, le laisse assez claire-
ment entendre : « lorsque, dit-il, je suis monté sur le siège
» de Laon, il était triste et affligé, car il avait été ruiné par
» la sédition et réduit en cendres. L'état de la grande église
» était pis encore; Dieu et les fidèles savent si j'ai fait tous
» mes efforts pour les rétablir. » L'épitaphe placée sur le tombeau de ce prélat après sa mort, fait la même distinction entre
les travaux exécutés par lui à son palais, et ceux de la cathédrale :

Protinùs hinc Mariæ succensa recondire templa
Non tardat, reparat tectaque præsulea.

Il répara donc seulement la toiture de l'évêché, mais il reconstruisit le temple démoli. Enfin, il est certain qu'il dédia
de nouveau cette église en 1114; le service annuel institué à
l'occasion de cette heureuse reconstruction, s'est perpétué
jusqu'à la révolution française; et la tradition qui attribue cette
reconstruction à Barthélemi, a été reproduite pendant plus de
600 ans, non seulement dans les histoires et les chroniques,
mais sur le monument lui-même, comme nous le verrons tout
à l'heure, et acceptée par tout le monde sans opposition jusqu'à ces derniers temps.

Une seule difficulté nous reste donc à éclaircir pour lever
tous les doutes à cet égard, et rendre aux textes de Guibert
et d'Herman le poids qu'ils doivent avoir. Selon ces deux
écrivains, la reconstruction de la cathédrale aurait eu lieu *en
deux demi-années.* On s'est élevé, et avec raison, contre une
semblable assertion, et chacun reconnaît l'impossibilité de
conduire à fin, dans un espace de temps aussi court, des tra-

vaux aussi gigantesques; mais ne peut-on pas supposer que ces auteurs, écrivant à une époque d'ignorance et de superstition, dans le but d'attribuer un miracle de plus à cette église des miracles, annoncent que tous les travaux furent terminés en 1114, tandis que peut-être il n'y avait alors d'achevé qu'une partie de l'édifice?

Nul doute, en effet, qu'il n'en ait été de la cathédrale de Laon comme des autres basiliques anciennes : on en terminait d'abord une partie, soit le chœur, soit la nef, et on la consacrait comme si l'édifice fût entier : nous en avons de beaux exemples dans les chœurs des églises de Beauvais et de Cologne. Ainsi donc, en 1114, le grand portail, la chapelle actuelle des fonts, et peut-être la nef, pouvaient être faits, et ont pu être consacrés, comme un échantillon de ce que serait l'église achevée (1). Ces travaux étaient encore bien considérables sans doute pour un délai aussi court; mais enfin, la chose n'est pas absolument impossible, surtout si l'on considère que les fondations, que les débris du premier édifice, comme les fûts des colonnes, les chapiteaux, etc., servirent, et que les autres matériaux avaient été préparés à l'avance. Tout, d'ailleurs, dans l'ensemble et les détails de ces parties semble confirmer nos conjectures : la construction lourde et massive du portail et de ses deux tours, le peu de choix des matériaux qui les constituent, les chapiteaux d'un style particulier qui surmontent plusieurs colonnettes de la galerie, la nudité des arcs-boutants de la nef, droits et sans aucun ornement; dans l'intérieur, les nombreux vices de construction comme l'irrégularité de l'espacement des travées et le zig-zag

(1) Au rapport des historiens, l'église de Foigny, commencée en 1121, par ce même Barthélemi, aurait été terminée en trois ans, malgré ses vastes proportions, et dédiée en 1124, en présence de saint Bernard, de plusieurs abbés et d'un grand concours de peuple. Cette assertion est invraisemblable, si l'on entend parler de l'édifice tout entier; mais elle devient possible, s'il n'est question que de l'achèvement d'une partie quelconque de l'église, comme la nef ou le chœur.

des allées latérales, irrégularités qui semblent accuser une grande précipitation dans la construction, la simplicité des chapiteaux des colonnes et des colonnettes, tous uniformément ornés de feuilles plates et sans saillie; enfin l'emploi plus fréquent du plein cintre. Aussi, dans notre opinion, cette partie de l'église aurait été construite la première, et c'est elle dont on a pu faire la dédicace en 1114.

On pourrait même, jusqu'à un certain point, appuyer cette opinion du texte de Guibert. Cet écrivain rapporte que, comme on élevait le toit de l'église, un clerc fut envoyé au bas de la montagne pour y aller chercher les matériaux nécessaires à ces travaux. Au moment où il remontait à la ville, l'un des bœufs qui traînaient son char tombe de lassitude. Après avoir vainement essayé de le relever, il ne savait comment faire pour continuer sa route, lorsque, tout-à-coup, un autre bœuf arrive en courant, se place de lui-même sous le joug, et marchant ensuite avec rapidité, conduit les matériaux jusqu'à l'église. Arrivé là, le clerc s'inquiète de savoir à qui rendre ce bœuf, qui lui avait été si utile, lorsque celui-ci à peine délié, s'en retourne sans guide d'où il était venu.

Les statues de bœufs placées d'une manière si insolite sur les tours du grand portail, et dont nous avons déjà parlé, doivent avoir trait à cette histoire : on aura voulu conserver le souvenir du miracle rapporté par Guibert, c'est-à-dire d'une circonstance toute d'actualité; or, on ne pouvait y songer avant cet historien, et il est peu probable qu'on y eût pensé après lui (1).

On a aussi fait valoir contre la réédification de la cathédrale par Barthélemi, l'insuffisance de la somme recueillie par les

(1) Une tradition populaire explique autrement la présence des bœufs sur les tours du portail. Selon elle, pour faciliter la construction de l'église, on aurait élevé depuis ce portail jusque sur le Bourg un plan incliné en bois et en planches destiné à faire arriver les matériaux à cette élévation; et pour rappeler que des bœufs les traînaient sur ce pont gigantesque, on aurait placé des statues de ces animaux sur les tours de l'église.

quêteurs (120 marcs d'argent); mais on oublie qu'une première collecte avait déjà été faite; que toutes les communautés
religieuses du diocèse, alors si opulentes, et notamment le
chapitre, durent y contribuer de leurs deniers; que de riches
particuliers, des seigneurs et le roi peut-être, ont pu aussi
donner des sommes considérables. Tout cela a dû quadrupler,
quintupler même la collecte faite en Angleterre. L'ancien
martyrologe de l'église de Laon, nous dit en effet que, pour
sa part, Barthélemi fit à ses frais paver le chœur de l'église
et construire un endroit pour mettre les cloches, sans doute le
beffroi du grand portail démoli en 1843.

Voici donc ce que nous apprennent les textes, et ils sont
tous d'accord : la cathédrale de Laon, détruite par l'incendie
de 1112, a été rebâtie tout entière par Barthélemi. Interrogeons
maintenant le monument lui-même, et voyons si l'étude de son
ensemble et de ses différentes parties confirmera cette tradition.

Soit que l'on jette les yeux sur le vaisseau de la cathédrale,
soit qu'on pénètre dans son intérieur, une chose frappe tout
d'abord : c'est l'unité de style qui, sauf quelques exceptions déjà
indiquées, règne entre les diverses parties de ce vaste édifice.
Partout le plein-cintre est mêlé à l'ogive; partout cette dernière
a la forme gauche et indécise qui révèle d'une manière si certaine l'époque de transition, précisément celle où Barthélemi
occupait le siège épiscopal de Laon.

S'il est vrai, comme on l'admet généralement, qu'il fut
autrefois d'usage de représenter sur les verrières les principaux
bienfaiteurs des églises, la place assignée à ce prélat sur la
rose du chevet, dont la verrière paraît remonter au 13me siècle,
c'est-à-dire à une époque très-voisine de celle où aurait eu
lieu la reconstruction de l'église, serait très-significative. Barthélemi y est placé dans l'endroit le plus apparent, c'est-à-dire
au centre, et immédiatement sous les pieds de la Vierge.

De même, si l'explication que nous avons donnée des
sculptures qui ornent l'archivolte de la fenêtre droite du grand

portail, peut être admise, ces sculptures n'auraient pas une
signification moins évidente.

Les écrivains par qui nous savons que la reconstruction de
la cathédrale est due à Barthélemi, nous apprennent aussi que
ce même prélat fit encore reconstruire le cloître du chapitre,
également consumé par le terrible incendie de 1112. Si donc
nous jetons les yeux sur ce qui reste debout de cet ancien
édifice, nous sommes frappés de la parfaite analogie de son
architecture avec celle de la cathédrale. Les petites roses placées
intérieurement au-dessus des arcades, sont frappantes de ressemblance avec celle du portail nord de l'église; partout y règne
aussi l'ogive romane ; partout les chapiteaux des colonnes sont
décorés des mêmes ornements que ceux de la cathédrale ; les
voûtes toutes ogivales sont construites aussi dans le même
style ; enfin l'enroulement qui décore la corniche du comble se
retrouve presque sans exception sur les corniches de toutes les
parties de la cathédrale, comme au grand portail et jusqu'au
haut des tours qui le surmontent, aux soubassements des portails
latéraux, à l'entablement de la nef, des transseps et du chœur
(sauf au côté nord), etc., etc.

Les parties de construction plus ancienne que nous avons
signalées aux extrémités des transseps et du chœur, indiquent
bien encore que la cathédrale ne fut pas seulement restaurée
au 12me siècle, mais réédifiée, et que dans cette réédification,
on fit entrer quelques portions peu importantes de l'ancien
édifice restées debout; elles suffisent au moins à expliquer ces
paroles un peu obscures d'Herman : *Reparare velut à fundamentis.*

Enfin, au rapport de tous les anciens écrivains, il était de
mode dans ce pays, au 12me siècle, de terminer les églises par
des chevets carrés comme à la cathédrale. En effet, toutes les
églises construites dans le même style et dans le même siècle
que cette basilique, comme celles encore existantes de Saint-
Martin, de Vaux, de Mons-en-Laonnois, et celles aujourd'hui

détruites de Saint-Vincent, de Foigny, etc., sont ou étaient toutes ornées d'une abside carrée.

Nous croyons donc pouvoir nous résumer ainsi : après l'incendie de la cathédrale en 1112, quelques tentatives de restaurations furent faites, puis abandonnées. On reconstruisit ensuite l'église tout entière, en conservant les fondations et quelques portions de l'ancien édifice restées debout, et qui purent être utilisées. Une partie de l'église, le grand portail et la nef, terminée en 1114, fut dédiée le 5 septembre de cette année, en présence d'une foule innombrable (200,000 personnes, disent les historiens) accourue pour voir ce nouveau monument plus magnifique, disent encore les mêmes chroniqueurs, que celui qu'il avait remplacé ; mais les travaux du reste du vaisseau durèrent sans doute tout le temps de l'épiscopat de Barthélemi, et ne purent être terminés avant le milieu du 12me siècle.

Ainsi les différentes parties de la cathédrale auraient été construites dans l'ordre suivant :

Le grand portail, la nef, le chœur et les transseps, de 1112 à 1150, sans interruption :

Tour du portail du nord, à la fin du 12me siècle ;

Tour du portail du midi, au commencement du 13me siècle ;

Décoration intérieure des porches du grand portail et de la petite porte de la tour de gauche de ce même portail, au 13me siècle ;

Grande fenêtre du transseps droit, portes du portail du midi, rose de la tour de ce portail, et chapelles, au 14me siècle ;

Enfin, balustrades des chapelles, dans la seconde moitié du 16me siècle (1574-75.)

CHAPITRE III.

AUTRES ÉGLISES.

Saint-Martin : époque de sa construction ; description : portail ; fenêtres ; tours. Sinistres qu'elles ont essuyés. Intérieur : nef ; transseps ; chœur. Chapelles. Statue d'une abbesse. Statue d'un chevalier. Recherches sur le seigneur qu'elle représente. Dimensions de l'église Saint-Martin. — Église de Vaux :

description. Epoque de construction. — Eglise d'Ardon. — Eglise de Leuilly.
— Chapelle des Templiers : valeur artistique de ce monument : sa description : pierres tombales. Epoque de construction.

Eglise St-Martin. — Herman, historien du 12me siècle, en
nous racontant le dessein qu'avait formé Barthélemi, évêque
de Laon, de ramener la régularité parmi les chanoines de
Saint-Martin, en plaçant saint Norbert à leur tête, nous ap-
prend que l'église de cette maison était alors de petites proportions, une simple chapelle en quelque sorte, puisqu'il ne
la nomme pas autrement que la petite église, *ecclesiola* (1).

Ces expressions ne sauraient convenir au vaisseau actuel de
l'église Saint-Martin, dont les proportions, sans être aussi
vastes que celles de la cathédrale, sont néanmoins celles d'une
église ordinaire, et elles conduisent naturellement à l'idée
que ce vaisseau a été bâti postérieurement à cette époque.

En effet, lorsque, en 1124, des Norbertins furent substitués
aux chanoines de Saint-Martin par ce même Barthélemi, ces
nouveaux religieux, pleins de l'enthousiasme et de l'activité
qui ont signalé les commencements de tous les ordres monas-
tiques, pensèrent aussitôt à se construire une église plus vaste
et plus belle que celle dont ils entraient en possession. Ils
s'adressèrent donc à l'abbaye de Saint-Vincent, et en obtinrent
gratuitement un terrain contigu à leur maison, pour y jeter
les fondements de la nouvelle église qu'ils projetaient.

D'après ces renseignements, on ne saurait douter que l'é-
glise Saint-Martin n'ait été construite, en tout ou en majeure
partie, dans la première moitié du 12me siècle. Reste à savoir
quand les travaux en ont été terminés : c'est ce que nous ne
saurions dire. Nous avons bien une charte de Barthélemi,
datée de 1152, dans laquelle il la nomme la nouvelle église
(*nova ecclesia*) : mais ces termes, tout en confirmant les in-

(1) Ce vaisseau est peut-être celui auquel Guibert fait allusion, lorsqu'il dit
que Gaudri, quoique suspendu, consacra une certaine église. Dans ce cas, sa
construction remonterait aux dix premières années du 12me siècle.

dications précédentes sur une reconstruction totale ou partielle de l'église Saint-Martin, ne peuvent rigoureusement signifier qu'elle ait été terminée en huit années.

Avant d'examiner si le style de cet édifice, d'ailleurs très-remarquable, vient appuyer ces premières données, il convient de faire connaître l'ordonnance générale de ce monument religieux, et d'en étudier les principaux détails.

Le portail se compose de trois portes, dont une grande centrale et deux petites sur les côtés, lesquelles sont séparées par des pieds droits en saillie qui soutiennent les clochetons dont nous parlerons tout à l'heure. Les jambages de la grand'porte sont ornés de deux consoles supportant des statues représentant des religieux. Elle est de plus encadrée de colonnettes et son archivolte est simplement formée de nervures qui, au lieu d'être rondes, portent une arête en dessous. Le tympan est creusé d'ornements figurant les meneaux d'une fenêtre, et deux anges agenouillés tiennent dans les mains un encensoir avec lequel ils paraissent encenser une statue qui, placée en saillie au centre du tympan, a disparu.

Les portes latérales, dans le même style, sont néanmoins ornées de plus de sculptures. Le tympan de la porte de droite présente un tableau en bas-relief composé de sept personnages. D'abord, un enfant est agenouillé auprès de deux autres personnages qui se tiennent debout; un quatrième au milieu, paraît danser en s'accompagnant d'un instrument de musique. Des deux autres placés à sa gauche, l'un semble frapper un septième personnage dont la tête seule sort d'une espèce de tour carrée; au-dessus, un ange se montre dans des nuages.

En haut des baies de cette même porte, existent deux petites sculptures charmantes, que nous avons vues entières il y a à peine quelques années, et qui depuis ont été affreusement mutilées à coups de pierres. D'un côté, le diable faisant de hideuses grimaces, regarde fixement une femme placée vis-à-vis : c'est la Religion qui, assise sur un nid d'où sortent les têtes de plusieurs poussins, cherche à les défendre contre l'ennemi de leur salut.

Le tableau sculpté sur le tympan de la porte gauche représente le martyre de saint Laurent. Le saint est étendu sur un gril, et plusieurs hommes sont à l'entour occupés à souffler et attiser le feu qui brûle sous lui. Au-dessus, deux anges tiennent les quatre coins d'un drap dans lequel se trouve un objet difficile à reconnaître, et un troisième personnage, Dieu sans doute, semble s'apprêter à le recevoir. Les baies de cette même porte sont également ornées de deux sculptures ; d'un côté, c'est encore le diable ; de l'autre, un homme accroupi, vêtu d'une blouse et coiffé d'un bonnet phrygien.

Toutes ces sculptures sont d'un bon style et de belles proportions, et les chapiteaux des colonnes, les consoles et les dais des grandes statues qui ornent la principale porte, sont remarquables par la pureté du dessin et la finesse de l'exécution. Les tympans et les archivoltes, ainsi que les personnages, portent des traces d'anciennes et vives couleurs.

Au-dessus de la grande porte, règne une petite galerie surmontée d'une large arcade ogivale, occupée par une fenêtre ; celle-ci est divisée en deux grandes ogives subdivisées en deux trilobées, avec une cinquième trilobée entre elles deux. Par-dessus, une grande rosace dans laquelle est inscrite une double gloire entrecroisée, et sur les côtés, deux autres rosaces plus petites.

Au-dessus de cette fenêtre, règne une seconde galerie, puis vient un fronton aigu flanqué d'arcatures trilobées, et dont le centre est occupé par un tambour circulaire dans lequel on voit, en grande ronde bosse, saint Martin à cheval, coupant son manteau pour en donner un morceau au diable déguisé en mendiant. Le tout est surmonté de deux clochetons octogones divisés en deux étages : l'inférieur est percé de longues et étroites ouvertures inscrites dans des arcatures trilobées; le

supérieur, de quatre lancettes ogivales seulement, surmontées
d'un pignon aigu avec une niche entre deux.

Le dessus des portes latérales est d'abord occupé par une
fenêtre formée d'une seule ogive avec meneaux et rosace;
puis, par un contrefort formant une demi-arcade décorée d'un
petit clocheton.

Les fenêtres de l'église Saint-Martin, tantôt à plein-cintre,
tantôt à ogive de transition, sont toutes de petite dimension.
Il n'y a d'exception que pour celle placée derrière le portail,
à droite en entrant, laquelle est grande, ogivale et divisée en
deux trilobées. Le chevet, qui est carré, se trouve aussi percé
d'une grande fenêtre ogivale, qui paraît avoir remplacé une
ancienne rose. L'extrémité du transseps droit, est à son tour
percé d'une petite rose dans le style de celle de la cathédrale.

Dans l'angle formé par la réunion des transseps avec la nef,
s'élèvent deux hautes tours carrées et massives, percées à leur
extrémité supérieure seulement de quatre ouvertures ogivales.
Ces tours étaient autrefois surmontées de flèches en pierres. Le
24 décembre 1587, un ouragan terrible les renversa; dans leur
chûte elles endommagèrent considérablement l'église et les
bâtiments voisins. Rebâties bientôt après, l'une des deux fut
encore jetée bas par un ouragan, le 8 novembre 1583. Ces deux
flèches étaient l'une et l'autre relevées, lorsqu'elles s'écroulèrent à
la fois pendant une violente tempête, le 27 mars 1605. Elles furent
alors rétablies en bois et en ardoises. Mais en 1658, la foudre
tomba sur l'une d'elles et l'incendia. Elle était reconstruite
pour la quatrième fois, lorsque, en 1757, la tour de gauche
s'écroula à son tour, entraînant dans sa chûte la flèche dont
elle était couronnée. Ce dernier désastre fit prendre la réso-
lution de supprimer définitivement ces flèches. On reconstruisit
la tour en 1744, et l'on abattit la flèche qui restait.

La nef seule est entourée de bas-côtés : le chœur ni les
transseps n'en ont point. Les voûtes, ogivales, sont construites
tout-à-fait dans le même style que celles de la cathédrale

Ancien Jubé de Saint-Martin.

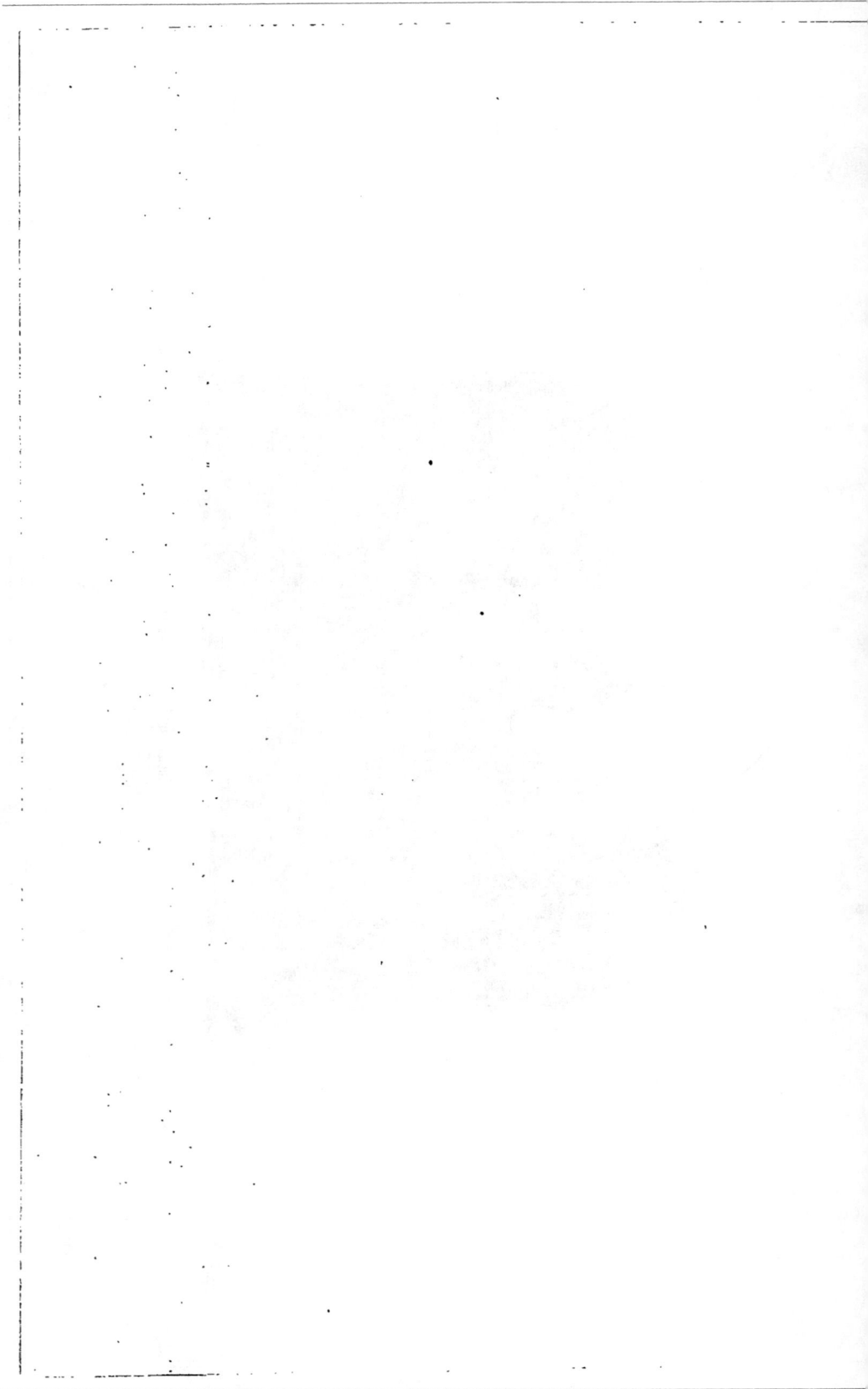

et reposent comme elles sur des nervures entrecroisées. Les travées, formées par des arcades à ogives de transition, sont supportées par des piliers carrés contre lesquels est toujours adossé, du côté de la grande allée, un faisceau de trois colonnettes, dont une, celle du milieu, plus grosse que les deux autres. Ces colonnettes, dépourvues de socle, s'élèvent d'un jet jusqu'à la voûte, et sont rattachées au mur par des anneaux. Au-dessus des travées, ni tribune, ni galerie. Les collatéraux sont assez larges et sans aucune décoration.

La nef, composée de neuf travées, est beaucoup plus longue que le chœur, et pour rallonger celui-ci, l'on a bouché les deux dernières travées. Le chœur n'est composé que de deux larges travées pleines; à l'extrémité, un enfoncement pratiqué à droite et à gauche est éclairé d'une grande fenêtre accompagnée d'une plus petite à plein-cintre. Les voûtes, beaucoup plus basses que celles de la nef, quoique construites dans le même style, présentent néanmoins des différences.

Les transseps sont courts et terminés carrément. Dans leurs murs s'ouvrent plusieurs petites fenêtres à plein-cintre ou à ogive indécise, disposées irrégulièrement. Dans celui de gauche on voit, bien au-dessus du pavé, une espèce de tribune en pierre dont l'usage est inconnu.

Le chœur était autrefois fermé par un jubé dans le style du 16me siècle et d'un très-bon goût. Deux autels se trouvaient appuyés contre. Le tout a disparu depuis la révolution. Les anciens religieux avaient aussi placé dans leur église, en 1640, un orgue qui leur coûta 2,400 livres.

On ne compte, à proprement parler dans cette église, qu'une seule chapelle, celle de Saint-Eloi. Les six autres, placées le long du côté oriental des transseps, sont si petites qu'elles méritent à peine ce nom.

La chapelle Saint-Eloi, de dimensions plus vastes, servait autrefois de paroisse. Ses voûtes sont ogivales et elle est éclairée par une très-grande fenêtre également ogivale, divisée en trois trilobées surmontées d'une rosace et de deux trèfles. On voit dans une niche au-dessus de l'autel, un très-beau Christ sculpté en pierre; il est assis, les mains liées et la tête couronnée d'épines.

Cette chapelle est fermée par une haute balustradre en pierre qui rappelle celles de la cathédrale, et qui n'est pas moins remarquable. Elle se compose de trois grands panneaux dont celui du milieu est occupé par une porte. Les deux autres, flanqués de colonnettes en saillie et pleins dans le bas, sont à jour dans le haut. Cette porte est ornée de six colonnettes surmontées de cinq petites arcades. Dans l'entablement sont placés en saillie le buste des douze Apôtres, et au-dessus de la porte, celui de J.-C. tenant une sphère dans les mains. Malgré une épaisse couche de badigeon, on peut encore juger du fini et de la délicatesse de tout ce travail.

Deux statues couchées sont placées à droite et à gauche de la grande porte, dans l'intérieur de l'église Saint-Martin. La première représente une abbesse, les mains jointes sur la poitrine, et tenant une crosse serrée entre le bras gauche et le corps. Sa tête est recouverte d'un voile, et son menton est caché par une pièce d'étoffe; ses pieds reposent sur deux lions. Les traits, la taille, tout dans cette statue indique une femme d'un certain âge. Le travail en est d'un bon style quoique raide : elle est en très-beau marbre blanc.

Cette statue a été trouvée, il y a peu d'années, enterrée dans l'emplacement où était autrefois le couvent des Capucins. Nous avons tout lieu de croire qu'elle est celle de Jeanne de Flandres, laquelle, après la mort de son mari, Enguerrand IV, sire de Coucy, entra dans l'abbaye du Sauvoir où elle fut nommée abbesse et où elle mourut en 1334. On lui fit, dans l'église de cette maison, un tombeau sur lequel fut placée sa statue en marbre blanc. Dans la révolution française, une personne de la ville, mue par le désir de conserver cet objet d'art, en fit l'acquisition et l'apporta à Laon. C'est encore elle sans doute qui, pour la soustraire au vandalisme de l'époque, l'aura enterrée dans le lieu où elle a été retrouvée de nos jours.

L'autre statue, en pierre noire, représente un guerrier entièrement couvert d'une cotte de mailles, avec une jacquette par-dessus. Il tient sur sa poitrine un écu blasonné, et une large épée pend à son côté gauche. Sa tête repose sur un petit oreiller à carreaux, placée dans une arcade *trilobée* flanquée de deux tourelles.

La Morlière dit que cette statue est celle de Thomas de Marle, seigneur de Coucy, mort en 1150. Il prétend que ce seigneur, au moment de sa mort, n'étant point relevé de l'excommunication portée contre lui, fut à cause de cela enterré, non dans l'intérieur de l'église, mais à l'entrée du portail, et que sa veuve fit plus tard allonger cette église de deux piliers, afin de mettre sa tombe à couvert.

Comme on l'a fait observer depuis longtemps, cette statue ne saurait être celle de Thomas de Marle, puisque l'on sait par des actes authentiques que ce seigneur fut enterré, non dans l'église Saint-Martin de Laon, mais dans celle de l'abbaye de Nogent-sous-Coucy. D'ailleurs la cotte de mailles, pas plus que l'arcade trilobée, ne remonte, à ce qu'il parait, au-delà du milieu du 12me siècle, et il est certain qu'on n'enterra personne à Saint-Martin avant 1135 ou 1136.

Il existe sur cette statue une légende populaire que voici : un seigneur de Coucy qui, dit-on, était *huguenot*, voulut se retirer dans l'abbaye de Saint-Martin, sans doute à titre de *frère à secourir*. Les religieux consentirent à le recevoir parmi eux, à la condition toutefois qu'il laisserait à leur maison, après sa mort, une partie de ses domaines, entre autres la forêt de Samoussy. Ces conditions acceptées, le seigneur de Coucy se rend à l'abbaye de Saint-Martin pour s'y renfermer, et demande à manger. On lui sert aussitôt deux œufs : mais à peine a-t-il terminé son frugal repas, qu'il se trouve mal, et il expire au bout de quelques heures d'agonie.

Comme il était *huguenot*, les religieux ne voulurent pas l'inhumer dans leur église, et ils firent déposer son corps dans une fosse creusée à l'entrée du grand portail. Là-dessus, long procès entre eux et la famille du défunt, qui regardait cette exclusion comme une injure, et qui exigeait qu'on l'enterrât dans l'intérieur, d'abord, parce qu'au moment de sa mort il faisait partie de la communauté, ensuite à cause des grands biens qu'il avait légués à l'abbaye de Saint-Martin. Après de longues années passées dans ces contestations, les moines se voyant sur le point de perdre leur procès et les biens qui leur avaient été légués, se hâtèrent de faire abattre le portail de leur église, et allongèrent celle-ci d'une arcade afin de renfermer dans son intérieur le tombeau du seigneur de Coucy.

Il suffit de rapporter cette ancienne tradition pour en montrer l'invraisemblance. Néanmoins, elle n'est pas fausse en tout point. Ainsi, l'église St-Martin paraît avoir été rallongée d'une arcade lors de la reconstruction du portail actuel, et l'abbaye de Saint-Martin eut de longs et dispendieux procès à soutenir relativement à la propriété de la forêt de Samoussy. Il est vrai que ce ne fut point avec la maison de *Coucy*, mais bien avec celle de *Roucy* à qui cette forêt appartenait autrefois.

Si donc les armes du chevalier dont la statue est couchée dans l'église Saint-Martin, étaient celles de la terre de Roucy; si le style de cette sculpture n'indiquait point une époque où les huguenots étaient inconnus (1), on pourrait sans invraisemblance supposer que cette statue est celle d'un membre de la famille de Roucy, laquelle d'ailleurs embrassa de bonne heure le protestantisme, et plaida longtemps avec les moines de Saint-Martin pour la forêt de Samoussy. Mais, comme nous venons de le voir, le style de cette sculpture ne peut se prêter à cette supposition; et d'ailleurs les armes du chevalier de l'église Saint-Martin se rapprochent beaucoup de celles de

(1) Cette statue nous paraît remonter au commencement du 13ᵐᵉ siècle. Peut-être que par huguenot on doit simplement entendre un excommunié.

l'ancienne maison de Coucy, qui étaient : *Fascé de vair et de gueules de six pièces.*

Voici quelles sont les dimensions de l'église Saint-Martin.

Longueur totale de l'église dans œuvre . . . . 74 m 60 c

Idem de la nef . . . . 53 »

Idem du sanctuaire . . . . 15 »

Largeur totale de la nef 18 85

Idem de la grande allée. 8 15

Idem des allées latérales. 3 50

Hauteur des voûtes de la nef sous clef. . . . . 17 »

Idem de celles du sanctuaire. . . . . 14 »

Idem des tours , environ . . . . 55 »

Église de Vaux.—Cette église, de proportions assez vastes, est formée d'une nef et d'un chœur avec galeries latérales.

La nef se compose, de chaque côté, de cinq travées franchement cintrées, supportées par des piliers carrés et massifs sans aucun ornement. Autant de petites fenêtres, également à plein-cintre, surmontent ces arcades. Les bas-côtés, comme les allées principales, sont recouverts par des plafonds au lieu de voûtes.

Trois travées à arcades ogivales, supportées par de grosses colonnes, sont disposées de chaque côté du chœur. Celui-ci se termine par un chevet carré percé dans le bas de trois grandes fenêtres lancettes et ogivales, et dans le haut, d'une rose à meneaux droits, composée d'un grand fleuron central entouré de douze fleurons plus petits. Les bas-côtés, plus larges que ceux de la nef, sont éclairés par de grandes fenêtres ogivales; le tout est surmonté de voûtes dans le même style.

Tout, dans l'ensemble et dans les détails de cette partie de l'église de Vaux , rappelle le style de la cathédrale de Laon, sur le modèle de laquelle elle a été évidemment construite. Les colonnes supportent des faisceaux de colonnettes rattachées aux parois de l'édifice par des anneaux, et sur lesquelles retombent les nervures des voûtes; les chapiteaux de ces colonnes portent les mêmes ornements qu'à la cathédrale, et sous le tailloir de plusieurs on remarque aussi des corbeaux, comme nous en avons signalé à certaines colonnes du chœur et des transseps de cette dernière.

L'extérieur de l'église de Vaux ne présente rien de particulier, sinon que les contreforts de la nef s'arrêtent à la naissance du toit, preuve que cette partie de l'édifice n'a jamais été ornée de voûtes. Une tour carrée, peu élevée, surmonte le centre de cette église, et l'on remarque extérieurement dans la muraille, des pierres d'attente en saillie pour des transseps qui n'ont jamais été construits.

Cette courte description de l'église de Vaux suffira pour faire comprendre que deux époques ont concouru à sa construction. La nef, tout-à-fait dans le style roman, est sans doute l'ancienne et primitive église; elle doit être du 10me ou du 11me siècle. Le chœur, construit après coup, probablement parce que l'église était devenue trop petite pour les besoins de la population de ce faubourg, a été élevé sur un plan et dans un style tout différents. On peut, ce nous semble, reporter sa construction à la seconde moitié du 12me siècle.

Eglise d'Ardon. — Selon une ancienne tradition, le premier vaisseau de cette église aurait été bâti, au 5me siècle, par Clotilde, femme de Clovis. Mais, quoique plusieurs parties de l'église actuelle d'Ardon soient évidemment très-anciennes, il n'en est pas à coup sûr que l'on puisse faire remonter à une aussi haute antiquité.

Cette église se compose d'une nef avec bas-côtés, de deux courts transseps et d'un sanctuaire demi-circulaire. Les travées sont formées de piliers lourds et carrés à angles émoussés, et d'arcades à plein cintre. Les arcades des transseps, plus larges, sont seules ogivales. Partout, excepté dans ces mêmes transseps, des planchers en place de voûtes. Les fenêtres, toutes de petite dimension et irrégulièrement disposées, sont tantôt ogivales, tantôt à plein cintre.

Le portail se compose d'un pignon nu, percé d'une petite

porte cintrée décorée d'ornements en losanges. Au-dessus,
une petite fenêtre, également à plein-cintre, est flanquée de
deux colonnettes torses dans le style roman.

Il nous paraît que la partie antérieure de la nef, ainsi que
ses bas-côtés, sont les plus anciennes parties de l'église, et
doivent remonter au 10me siècle. Les transsepts et le sanctuaire
ont été rajoutés après coup.

Eglise de Leuilly. — On prétend que le premier vaisseau
de cette église fut bâti, en 810, par Charlemagne, et l'on
appuie cette opinion de l'inscription suivante que l'on voyait
autrefois gravée sur l'un des murs extérieurs de l'église :
*Monseigneur saint Charlemagne, glorieux confesseur de Jésus-
Christ, fut le premier fondateur de cette église.*

Le portail, du 16me siècle, se compose d'un pignon dans
lequel est percée une porte décorée d'ornements dans le style
flamboyant. Cette porte est comprise dans une arcade ogivale
surbaissée, encadrée de deux pilastres surmontés de clochetons
engagés. Le tympan est découpé en ornements du même
genre. Au-dessus, s'ouvre une jolie petite rose tout-à-fait
dans le même style.

Les fenêtres, franchement cintrées, sont sans aucun ornement.

L'intérieur se compose d'une nef et d'un sanctuaire, sans
bas-côtés. La nef est recouverte d'une voûte en bois; le sanctuaire d'une voûte en pierres dont les clefs offrent cette parti-
cularité, qu'elles sont reliées entre elles par une nervure lon-
gitudinale. Deux arcades basses et étroites, aujourd'hui bouchées par une maçonnerie, indiquent qu'il existait autrefois
deux courts transsepts. Celui de droite est seul resté et sert de
sacristie. Une petite flèche en bois surmonte le toit de l'église.

Comme on le voit, l'église de Leuilly offre, après celles de
Vaux et d'Ardon, le troisième exemple d'un rallongement du
vaisseau primitif, par l'adjonction après coup d'un chœur.
C'est dire assez que la nef en est aussi la partie la plus ancienne.

Chapelle des Templiers. — Cette chapelle est un édifice doublement précieux et remarquable : remarquable par le style de son architecture, la beauté de ses proportions et de son ensemble ; précieux, en ce qu'il est le seul monument surmonté d'une coupole qui existe dans toute la contrée.

On prétend qu'il a été construit sur le plan de la chapelle du Saint-Sépulcre à Jérusalem. Il se compose d'une rotonde précédée d'un porche et terminée par un arrière-corps ou sanctuaire.

Le porche, petit, bas, en saillie et de forme carrée, est percé de trois arcades à plein-cintre autrefois ouvertes ; mais celles des côtés sont aujourd'hui fermées, d'un côté par une fenêtre, de l'autre par une porte. Une quatrième arcade plus large et plus élevée que les autres, donne accès dans l'intérieur du monument. Les pieds droits de ces arcades sont intérieurement flanqués de colonnettes à base carrée, surmontées de chapiteaux ornés de feuilles grossièrement sculptées et d'un tailloir très épais. Deux grandes colonnettes décorent les baies de l'arcade par laquelle on pénètre dans la rotonde. Elles portent des chapiteaux ornés de feuilles de chardon beaucoup mieux dessinées et plus délicatement fouillées que les autres. Les nervures qui supportent les voûtes, sont découpées en un triple tore cylindrique qui retombe sur des colonnettes placées dans les angles intérieurs du porche.

Au-dessus de ce porche, règne un étage ou tribune de même dimension, mais qui présente dans son architecture, des différences assez tranchées. Les nervures de la voûte de cette tribune sont formées de tores portant une arête en dessous ; ils retombent sur des consoles placées aux angles et dont une seule est décorée de feuillages grossièrement sculptés. Une large arcade plein-cintre donne vue sur l'intérieur de la chapelle. La baie de cette arcade est décorée d'un large encadrement sculpté, formé d'un entrelac, de pommes de pin et de palmettes.

Chapelle des Templiers.

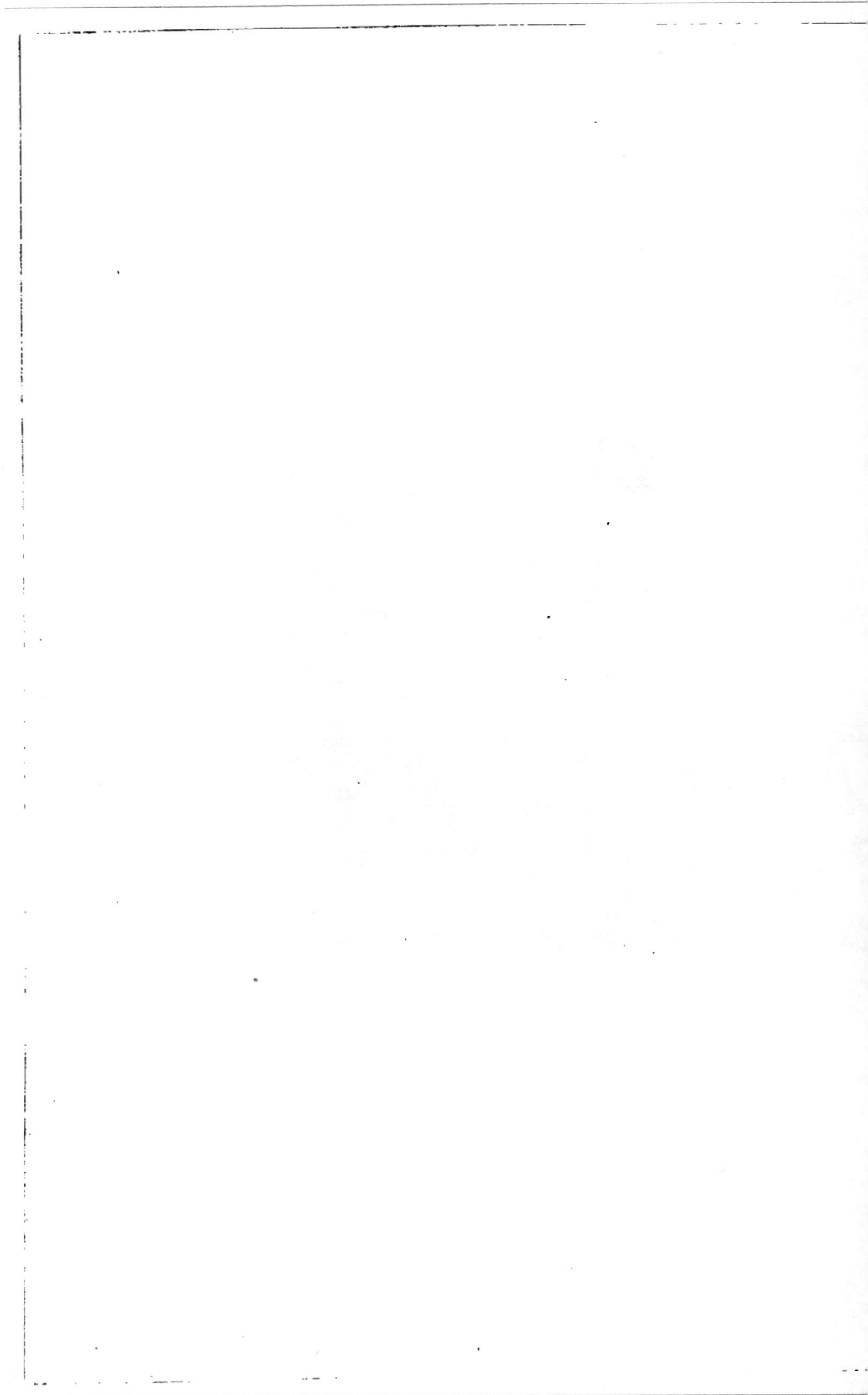

La rotonde, divisée en huit pans, et dont le diamètre intérieur est de 7 mètres 55 centimètres, au lieu de recevoir le jour par le sommet, comme il est d'usage dans les monuments de ce genre, est éclairée par six fenêtres étroites franchement cintrées. Aucun ornement ne décore les murs jusqu'à la naissance du cintre de ces fenêtres, hauteur à laquelle existe un cordon circulaire. La coupole également à huit pans, est d'une forme légère et gracieuse. Les angles en sont occupés par une nervure composée d'un bandeau supporté par un double tore, dont l'intervalle est décoré de têtes de clous. Ces nervures viennent s'arrêter, à la hauteur du cordon, sur des consoles ornées de feuillage et de têtes grimaçantes. Au sommet, elles se terminent à un bandeau circulaire qui encadre en cet endroit la place ordinairement réservée à l'éclairage des édifices de ce genre; mais une preuve que cette chapelle n'a jamais reçu le jour par le sommet, c'est que le centre de cet espace est occupé par une pierre sculptée représentant un agneau pascal tenant une croix.

Une grande ouverture, formée d'une arcade de transition, donne accès dans le sanctuaire, qui se termine en demi-cercle. Il est éclairé par trois fenêtres à plein-cintre, et les arcs de sa voûte, qui n'est point armée de nervures, retombent sur de larges pilastres.

A l'extérieur, le porche est surmonté d'un pignon peu aigu, et ses angles sont flanqués d'un contrefort carré également terminé par un pignon sur chaque face. Un campanille en forme de pignon et percé de deux arcades, s'élève en arrière du porche, au-dessus du toit, et à l'aplomb de la porte intérieure de la chapelle.

Les fenêtres de la rotonde sont extérieurement décorées d'une archivolte formée par un double tore rompu. Les petits contreforts placés à chacun des angles de l'édifice, s'arrêtent à la hauteur du cintre de ces fenêtres, et sont surmontés d'une colonnette engagée qui s'élève à son tour jusqu'à la naissance du toit. L'entablement se compose de modillons formés de têtes d'animaux, et supportant un ornement en forme de larges dents de scie, dont les intervalles sont ornés et sculptés. Au sanctuaire, l'entablement est le même, mais avec moins d'ornementation.

Cette même décoration se retrouve sur le côté gauche du porche, à moins de la moitié de sa hauteur, et vient confirmer par sa présence le soupçon exprimé plus haut, que la tribune placée au-dessus de ce même porche a été construite après coup. Comment ne pas y reconnaître, en effet, un ancien entablement au-dessus duquel devait s'élever, dans l'origine, le toit de cette partie de l'édifice ?

Plusieurs pierres tombales se voient dans l'intérieur de cette chapelle. La plus ancienne est du 15ᵐᵉ siècle ; elle porte cette inscription :

Cy gist Gregoires chapelain dou temple qui rendi ame le jour de Saint-Martin en esté en l'an de l'incarnation MCCLXVIII.
Pez por li.

Quoique le plein-cintre domine partout dans la chapelle des Templiers, et malgré les détails de son architecture quasi romane, cet édifice n'a certainement pas l'antiquité que quelques personnes se sont plues à lui attribuer ; elle ne remonte pas au-delà du 12ᵐᵉ siècle, comme nous allons le prouver.

Il existe une bulle du pape Honorius Iᵉʳ, de l'an 1154, par laquelle ce pontife permet aux religieux du Temple, nouvellement fixés à Laon, de construire une chapelle dans leur maison et d'avoir à l'entour un cimetière pour les seules personnes de leur ordre.

Cette maison était celle que Barthélemi, évêque de Laon, avait donnée à ces religieux lorsqu'il les introduisit en cette ville vers 1150. Elle s'élevait dans la rue Sainte-Geneviève, en face de la ruelle Rouge, ainsi qu'il résulte de l'acte de donation de ce prélat, acte que nous avons également vu. Il n'y avait donc point de chapelle en ce lieu quand les chevaliers du Temple en

Ancien Palais épiscopal.

prirent possession, puisqu'ils demandèrent au pape l'autorisation
d'en construire une, et cette chapelle qu'ils élevèrent ne saurait
être que celle dont nous venons de donner une courte description, opinion en tous points confirmée par la tradition.

CHAPITRE IV.

HABITATIONS RELIGIEUSES.

Ancien palais épiscopal : sa position ; son aspect. Description : porte d'entrée ;
bas-relief; tradition à son égard ; grande salle ; cuisine. Chapelle : description de ses deux étages. — Ancien cloître des chanoines ; ses dispositions ;
son architecture. Salle du chapitre. Maîtrise. Chartrier et garde pouillé. —
Abbayes de Saint-Vincent, de Saint-Jean et de Saint-Martin.

Ancien palais épiscopal. — Cette vaste habitation, placée
contre et au nord de la cathédrale, avait tout-à-fait l'aspect
d'une citadelle élevée au centre de la cité. Toute sa construction accusait, jusque dans ses moindres détails, la crainte de
voir se renouveler un siège pareil à celui qu'elle eut à soutenir
au 12me siècle, et les plus grandes précautions avaient été
prises afin de pouvoir le repousser au besoin.

Pour pénétrer dans l'intérieur de la cour, on passait sous
une grande et une petite portes massives, ouvertes dans des
murs épais et surmontés de tourelles qui ont été abattues seulement en 1750. Au-dessus de ces portes régnait une large
galerie couverte, destinée à recevoir des combattants. On y
parvenait de la cour par un escalier en pierres placé près de
la grand'porte, et elle communiquait avec l'intérieur de la cathédrale par une ouverture que l'on remarque au-dessus de la
chapelle actuelle de la Vierge. Derrière ces portes on trouvait,
à gauche, un vaste corps de garde qui existe encore; à droite,
un bâtiment servant de logement au concierge. Le tout a été
abattu en 1826 et remplacé par la porte actuelle.

Au-dessus de la porte principale, se voyait autrefois un bas-
relief composé de deux personnages: l'un, assis et la jambe
droite passée sur la gauche, semblait écrire; l'autre, debout,

vêtu à peu près comme un hermite et la tête couverte d'une espèce de capuchon, paraissait attendre des ordres. Le peuple croyait reconnaître dans celui-ci un homme donnant du cor, et dans le premier un savetier occupé au travail de sa profession. On prétendait même que ce bas-relief avait été fait au 10me siècle, par l'évêque Adalberon, pour rappeler qu'il avait livré la ville à Hugues Capet, duc de France, et que l'une des portes en avait été ouverte à ce seigneur par un savetier, au signal donné par un cor.

Cette tradition est non-seulement invraisemblable de tous points, mais elle ne s'accorde nullement avec notre description du bas-relief en question; celle-ci cependant doit être parfaitement exacte, car elle a été copiée sur la description que nous en ont laissée plusieurs historiens anciens, et ce bas-relief était sous les yeux de tout le monde au temps où ils écrivaient.

La première porte de l'évêché avait très-probablement été reconstruite après l'incendie de 1112. Or, l'évêque qui la fit rebâtir n'a pu songer à rappeler, par un bas-relief sculpté au-dessus, des évènements passés depuis longtemps et qu'il avait d'ailleurs intérêt à laisser tomber dans l'oubli; il dut bien plutôt chercher à consacrer le souvenir d'un évènement récent et considérable; et cet évènement, c'est l'érection de la commune de Laon. Il semble donc naturel de voir dans le personnage debout le peuple Laonnois représenté peut-être par son chef, et dans celui assis et écrivant, l'évêque de cette ville lui octroyant la charte de ses franchises communales? Cette conjecture ne nous paraît pas dénuée de vraisemblance.

Les autres bâtiments formaient une vaste équerre dont l'un des côtés faisait face au rempart. C'est de ce côté que s'élève la grande salle de l'évêché, construite par l'évêque Garnier, en 1242. Cette salle, aujourd'hui divisée en plusieurs places, n'avait pas autrefois moins de 100 pieds de long sur 55 de large. Sa façade extérieure est très-remarquable : elle est divisée en deux parties par trois tourelles, dont deux, celles des extrémités, renfermaient des escaliers en hélice. Chaque partie de cette façade est percée de trois grandes fenêtres dans le style ogival pur. Celles-ci sont encadrées de colonnettes, et leur arc est décoré d'un cordon chargé de sculptures. La façade intérieure de cette même salle est supportée par une galerie formée de colonnes courtes et d'arcades ogivales basses. Les socles de ces colonnes sont tantôt carrés, tantôt octogones, nus ou chargés d'ornements d'un bon style. La forme des chapiteaux varie également, et ils sont couverts d'ornements généralement empruntés au règne végétal, comme feuilles de chardon, vigne chargée de raisins, etc. Le tout est d'un excellent dessin et atteste les progrès qu'avait fait la sculpture depuis un siècle. Au-dessus s'ouvre une série de grandes fenêtres ogivales, et le bâtiment est surmonté d'un toit aigu supporté aux extrémités par deux pignons, dont les rampes sont ornées de feuilles crossées, selon le goût du temps.

Le rez-de-chaussée, au-dessous de cette salle, était autrefois occupé par les écuries de l'évêque. Entre ces écuries et la salle elle-même, régnait une série d'appartements bas, semblables à ce qu'on nomme aujourd'hui un entresol, lesquels étaient éclairés par de petites fenêtres ogivales percées à l'extérieur comme à l'intérieur, et habités par les serviteurs de la maison.

Selon la tradition, un concile aurait été tenu au moyenâge dans la grande salle de l'évêché. Nous croyons cette opinion erronée, car le dernier concile de Laon est de 1233, par conséquent antérieur de neuf années à la construction de cette même salle.

Au rez-de-chaussée des bâtiments formant retour d'équerre et faisant face à la porte d'entrée, étaient établies les cuisines. On y voit encore une immense cheminée dont le manteau est orné d'une sculpture en ronde bosse représentant un cep de vigne chargé de raisins; le centre en est occupé par un large écusson mutilé, soutenu par deux quadrupèdes qui paraissent être des chiens, et contre l'épaule desquels est placé un autre écusson orné d'une croix grecque.

Au-dessus de cette partie de l'édifice existait également autrefois un entresol, qui était habité par les domestiques de l'évêque.

Tout auprès, s'élève l'ancienne chapelle de l'évêché. Ce monument religieux, de proportions assez vastes, est à deux étages. Il se compose, dans le bas comme dans le haut, d'une nef formée d'une allée centrale et de deux collatéraux, et d'un sanctuaire en demi-cercle divisé en cinq pans. Dans la chapelle basse, les voûtes sont soutenues par des piliers carrés ornés de colonnettes sur chacune de leurs faces. Ces voûtes sont à plein cintre de même que les fenêtres; les chapiteaux, tantôt lisses, tantôt décorés de feuilles toujours dressées, ou d'ornements de formes bizarres, sont quelquefois aussi ornés de têtes d'animaux grossièrement sculptées.

On pénétrait dans cette partie de l'édifice par une grande porte centrale et deux petites latérales. La grand'porte, franchement cintrée, est encadrée de deux colonnettes dont les chapiteaux présentent toujours les mêmes caractères, et son archivolte est décorée d'un tore chevronné.

La chapelle haute présente absolument les mêmes dispositions; seulement les voûtes sont dans le style ogival de transition, et supportées par des colonnes. Les chapiteaux de ces dernières offrent des ornements bizarres grossièrement sculptés, et sont surmontés d'un tailloir épais et peu saillant. On remarque en outre, à plusieurs d'entre eux, cette singularité déjà signalée à la cathédrale, c'est-à-dire des corbeaux ménagés sous le tailloir. Le centre de l'édifice est occupé par une espèce de petite coupole carrée formée de voûtes plus élevées, et soutenues par des nervures épaisses, qui retombent sur des consoles placées dans les angles.

Les courts détails dans lesquels nous venons d'entrer à l'égard de la chapelle de l'évêché, suffiront pour en faire apprécier l'importance et l'intérêt. Plusieurs de ses parties sont évidemment modernes et sans doute celles refaites en 1404, par l'évêque de Laon, Jean de Roucy; mais la plupart des autres accusent l'époque romane, et doivent faire considérer ce monument religieux comme l'un des plus anciens de la ville.

Nous devons encore signaler à l'attention des archéologues un pignon placé à l'extrémité de la grande salle, parce qu'il semble remonter également à une grande antiquité. Il est percé dans le haut de trois grandes fenêtres à baies carrées (genre d'ouvertures fort rares autrefois), lesquelles sont encadrées de colonnettes. Au-dessus, s'ouvre une fenêtre à plein-cintre.

Nous n'entrerons pas dans la description des autres bâtiments de l'ancien palais épiscopal, car ils sont modernes et ne présentent rien de remarquable. Nous signalerons seulement différentes parties des murs, comme ceux de la cour de la glacière, dont les pierres, profondément calcinées, attestent qu'elles ont subi l'action violente du feu.

L'ancien palais épiscopal sert aujourd'hui de local aux différents tribunaux de la ville de Laon. Cette destination lui a été donnée, en 1801, par M. Dauchy, premier préfet du département de l'Aisne.

Ancien cloître des chanoines. — Ce cloître longeait tout le côté méridional de la cathédrale. Il se composait de deux parties séparées par un large espace laissé libre en avant du portail latéral sud. Il n'en reste plus aujourd'hui que la portion qui s'étend de la chapelle des fonts à ce même portail. Quoiqu'étrangement défiguré par des constructions modernes, on peut néanmoins reconnaître les anciennes dispositions de ce cloître. Il se compose d'un long et large couloir, faisant retour à angles droits à ses extrémités, pour se relier à l'église, avec laquelle il communique. Ce couloir ou cloître est séparé de la rue par un mur épais, percé d'une seule porte, et d'une cour intérieure par une série d'arcades dans le style ogival de transition, supportées par des colonnettes. La base de ces co-

6

lonnettes est ordinairement hexagone et leurs chapiteaux qui rappellent ceux que nous avons signalés dans la dernière chapelle de droite de la cathédrale, sont le plus souvent ornés de feuilles dressées, quelquefois d'animaux fantastiques, et surmontés de tailloirs épais. Les voûtes, toutes ogivales, reposent sur des nervures qui se réunissent quatre par quatre autour d'une clef fleuronnée.

Chaque arcade est surmontée d'une rose de petite dimension, mais dont le style est des plus remarquables. Elle se compose d'un large fleuron central affectant la forme d'un quatre-feuille, dont les angles sont percés d'un autre quatre-feuille plus petit. Seize trous circulaires, à bords évasés, sont disposés à l'entour du fleuron central. Tout dans cette disposition rappelle la grande rose du portail latéral nord de la cathédrale, que nous avons précédemment décrite.

Dans la cour intérieure de ce cloître, s'élève un bâtiment carré renfermant une seule et vaste place de 12 mètres de long sur 8 de large. C'est l'ancienne *salle du chapitre*, celle où se rassemblaient les chanoines; elle communiquait avec la cathédrale par un couloir en zig-zag.

L'autre partie de ce cloître, démolie en 1836 pour faire place à des habitations particulières, présentait des dispositions analogues à celles de la première; mais elle était plus vaste et renfermait en outre la *maîtrise*, le chartrier et le *garde-pouillé*, que par corruption l'on nommait le *gratte-poulet*.

Abbaye de Saint-Vincent. — A la fin du 11me siècle, cette maison n'était point encore fermée de murs, et les habitations du quartier de la Villette s'avançaient jusqu'auprès de l'église. En 1082, un abbé de cette maison fit dégager les abords du monastère, l'entoura de murailles et fit creuser l'étang dont nous avons parlé. Environ trois siècles après, Jean de Guise, autre abbé de Saint-Vincent, en fit réparer les murs d'enceinte et y ajouta beaucoup de nouveaux ouvrages de fortification.

L'intérieur était séparé du reste du plateau par un fossé sur lequel se trouvait un pont-levis, et par un mur percé d'une porte, laquelle était défendue par des tours construites selon le goût et le besoin du temps. Le reste de l'enceinte était également flanqué de quelques tours disposées de distance en distance, et les murs en étaient soutenus par un grand nombre de jambes de force.

L'abbaye de Saint-Vincent était donc une véritable citadelle très-forte par son assiette et les travaux de défense qui l'entouraient. Aussi fut-elle souvent occupée par des partis ennemis ou des troupes de partisans du temps des guerres civiles, comme nous aurons occasion de le voir par la suite.

La tradition veut que les premiers bâtiments claustraux de cette maison aient été élevés sur la partie méridionale de l'enceinte ; plus tard, on les aurait reculés sur les murs très-anciens qui dominent les vignes dites *la cuisine de Saint-Vincent* ; en dernier lieu, ils étaient placés au côté oriental de l'église. Le logis abbatial est seul resté debout : sa construction date de 1342. Le portail de l'ancienne église est sculpté en relief sur le fronton qui décore la façade de ce bâtiment.

Abbaye de Saint-Jean. — L'emplacement assigné par l'évêque de Laon à sainte Salaberge, pour y construire les bâtiments nécessaires à sa communauté, était aussi vaste qu'heureusement choisi. Il dominait la magnifique vallée d'Ardon, et non seulement il comprenait toute l'enceinte actuelle de la préfecture, mais il s'étendait encore sur le versant de la montagne et englobait la promenade et les jardins placés sous les murs à l'ouest de cet établissement.

Des murailles d'une épaisseur considérable et d'une grande hauteur, puisqu'elles avaient plus de 60 pieds d'élévation, en formaient l'enceinte du côté de la ville, et ne permettaient à aucun regard indiscret de pénétrer dans l'intérieur de cette maison de filles. D'ailleurs, des tourelles placées de distance en distance sur le faîte de cette haute muraille, en laissaient découvrir tous les abords, et même voir ce qui se passait dans l'intérieur de la ville.

Chose étrange! C'est que des murailles élevées régnaient également du côté de la campagne et ne permettaient point aux recluses de jouir de son magnifique aspect.

Nous avons des raisons de croire, sans pourtant en être parfaitement certain, qu'avant le 12me siècle l'entrée de cette maison était placée du côté de la porte Royer. C'est de ce côté du moins que se trouvaient l'église et les bâtiments du chapitre de Saint-Jean-en-l'Abbaye. Cette communauté d'hommes ayant été dissoute après la dispersion des religieuses de Notre-Dame, en 1128, leur cloître et leur église furent abattus, ce qui forma une vaste place qui s'étendait, d'un côté depuis les murs de la ville jusqu'à l'ancien palais-royal, de l'autre depuis les murs de l'abbaye jusqu'à la porte Royer. Mais le voisinage de cette porte, alors la principale et la plus fréquentée de la ville, était cause que les oisifs, les bouffons et les farceurs, selon les expressions d'un ancien manuscrit, s'y rassemblaient journellement, et par leurs clameurs et leurs cris tumultueux troublaient les nouveaux religieux de Saint-Jean dans leur retraite. Pour remédier à cet inconvénient, Brunon, abbé de cette maison, demanda en 1135 cette place au roi, qui la lui accorda. Il l'entoura aussitôt de murs du côté de la ville, et elle fit dès-lors partie des jardins de l'abbaye.

En dernier lieu, l'entrée de l'abbaye de St-Jean était placée où se trouve actuellement la porte de la préfecture. Elle se composait d'une grande et d'une petite portes ogivales surmontées de deux tourelles et flanquées, du côté de la campagne, d'une grosse tour qui interceptait presque le passage sur la promenade. Derrière cette porte, existait un vaste vestibule également voûté en ogives. Le tout fut abattu en 1822 pour faire place à la porte actuelle de la préfecture.

L'abbaye de Saint-Jean, entièrement détruite par l'incendie de 1112, fut rebâtie aussitôt après, et une partie des murs d'enceinte sont bien évidemment du 12me siècle. A la fin du 16me, Henri IV fit prendre les pierres des églises et des bâtiments claustraux de cette maison pour construire la citadelle et des casernes. Au 18me, les bâtiments en étaient tellement ruinés, qu'on pensa à les rebâtir. Les cloîtres furent refaits de 1755 à 1756 ; la citerne est de la même époque.

Abbaye de Saint-Martin. — Nous avons déjà eu l'occasion de dire quelques mots de cette maison (page 40) et de l'aspect qu'elle présentait autrefois ; nous compléterons ailleurs ces premiers renseignements. Nous nous contenterons ici d'y signaler un magnifique escalier en pierre, dont la hardiesse et la légèreté font l'admiration des connaisseurs, et que plusieurs placent même au-dessus du fameux escalier de Prémontré.

TABLE DES MATIÈRES.

LAON. IMP. DE ÉD. FLEURY ET I REBIEE.

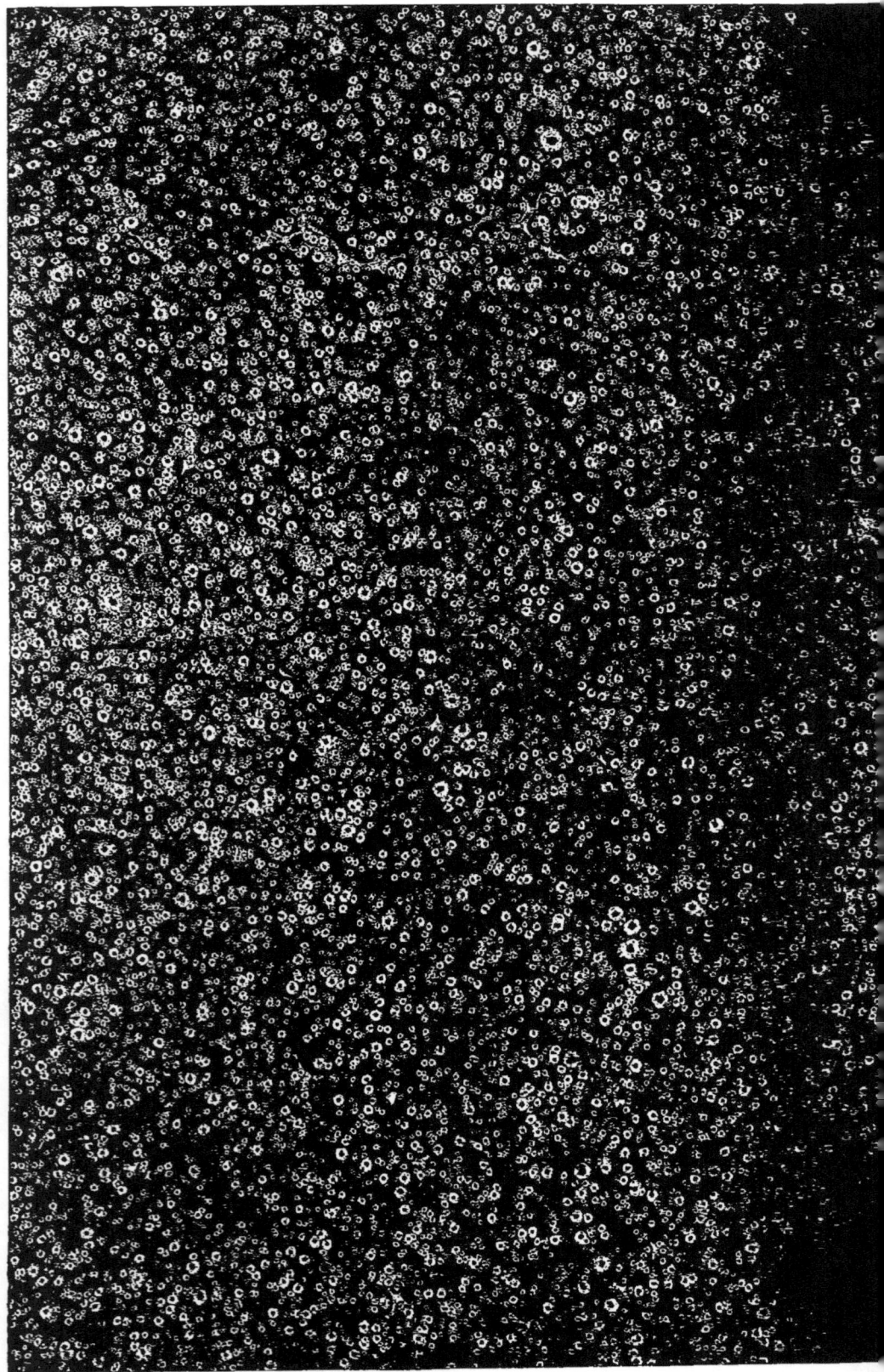

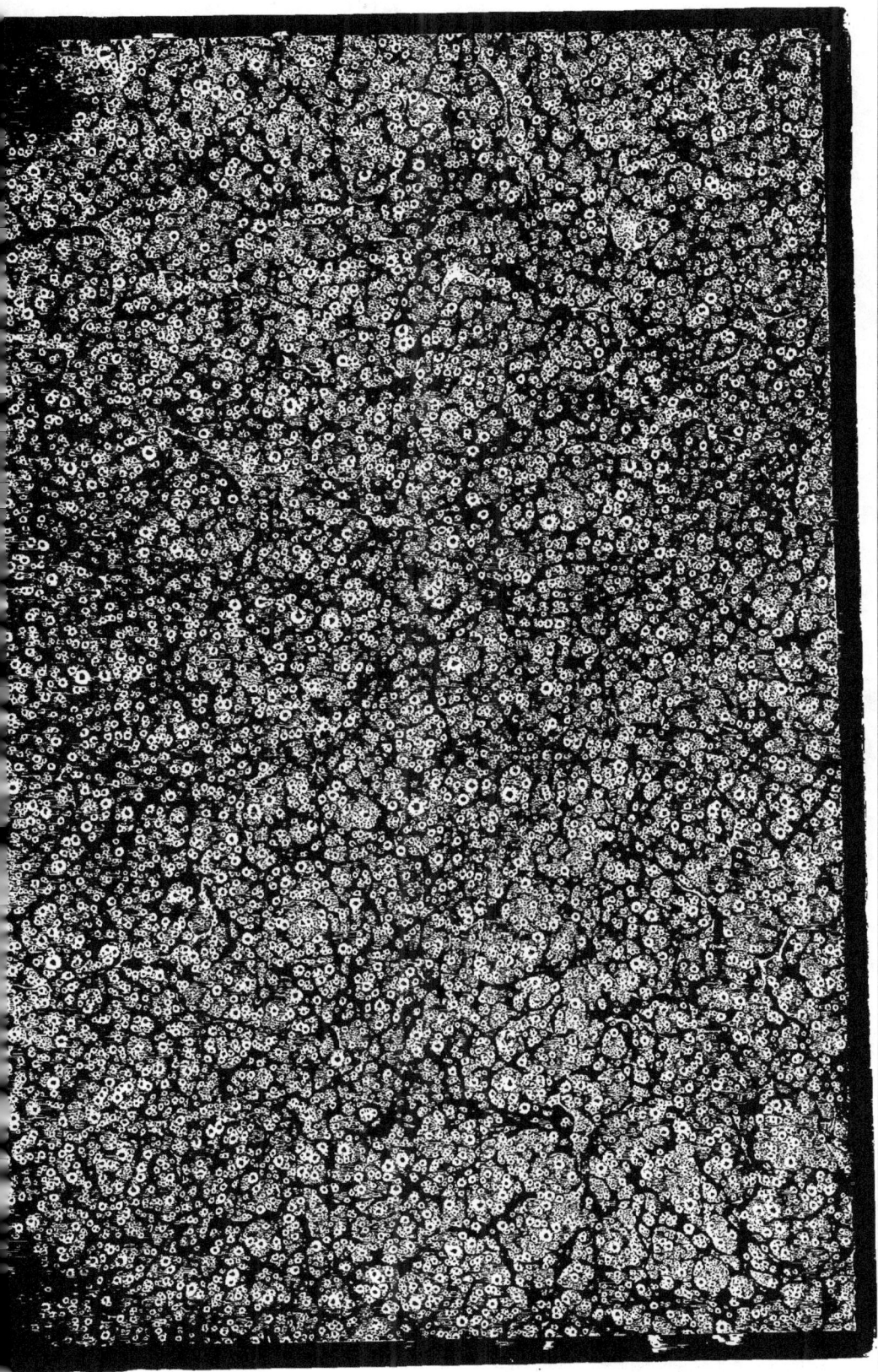

www.ingramcontent.com/pod-product-compliance
Lightning Source LLC
Chambersburg PA
CBHW071833090426
42737CB00012B/2238